Lion Feuchtwanger

Bin ich deutscher oder jüdischer Schriftsteller?

aufbau

Im Arbeitszimmer der Villa Valmer, Sanary-sur-Mer, 1930er Jahre.

LION FEUCHTWANGER

BIN ICH DEUTSCHER ODER JÜDISCHER SCHRIFTSTELLER?

Betrachtungen eines Kosmopoliten

Mit bislang unveröffentlichten Texten

Herausgegeben von
Nele Holdack, Marje Schuetze-Coburn
und Michaela Ullmann

aufbau

Mit 15 Abbildungen

MIX
Papier | Fördert gute Waldnutzung
FSC® C083411

ISBN 978-3-351-03959-2

Aufbau ist eine Marke der Aufbau Verlage GmbH & Co. KG

1. Auflage 2023

Einbandgestaltung zero-media.net, München
Satz LVD GmbH, Berlin
Druck und Binden CPI books GmbH, Leck, Germany
Printed in Germany

www.aufbau-verlage.de

Inhalt

Seit Mitte der zwanziger Jahre war Lion Feuchtwanger in der englischsprachigen Welt ein Bestsellerautor, noch bevor er es in seinem Heimatland wurde. In einem in London entstandenen, am 25. Dezember 1927 in den »Frankfurter Nachrichten« veröffentlichten Typoskript schreibt er unter der Überschrift »Deutschland und seine Schriftsteller, gesehen vom Westen« über den deutschen Schriftsteller, er sitze »im luftleeren Raum«, habe »Hersteller eines guten Buches zu sein und damit Schluss«. Die Engländer hingegen hielten es für selbstverständlich, dass Schriftsteller »zu allen Fragen der Politik, der Wirtschaft, der Kunst, zu den tausend Dingen des täglichen Lebens etwas zu sagen haben«, was eine »dauernde Beziehung zum wirklichen Leben« herstelle. Auch für den deutschen Schriftsteller fordert Feuchtwanger: »Ihn in die lebendige Welt lebendiger einzuordnen wäre von Vorteil für ihn und für die Welt.«

Wie eindrucksvoll er selbst diese gewandelte Rolle annahm und lebte, als er nach dem Machtantritt der Nationalsozialisten am 30. Januar 1933 zum staatenlosen Exilanten wurde, wie hellsichtig und freimütig er sich einmischte, sich exponierte auch dort, wo es ihm selbst zum Nachteil gereichte, davon zeugen die Zeitungsartikel, Vorträge und weiteren Wortmeldungen dieses Bandes. Sie zeigen den Kosmopoliten in seiner politischen Empörung wie humanistischen Überzeugung, nicht zuletzt von einer zutiefst persönlichen, menschlichen Seite, die hier so deutlich hervortritt wie kaum zuvor. Aus Deutschland vertrieben, erkannte er in seinem Judentum eine prägende Konstante seines Lebens und literarischen Schaffens.

Deutsche Originalfassung der französischen Übersetzung,
abgedruckt in »La Revue politique et littéraire«,
15. April 1933.

Prolog

Bin ich deutscher oder jüdischer Schriftsteller?
(1933)

Oft, von vielerlei Menschen und in mancherlei Sprachen, werde ich gefragt, ob ich mich als deutscher oder als jüdischer Schriftsteller fühle. Ich pflege zu antworten, ich sei nicht das eine noch das andere: ich fühlte mich als internationaler Schriftsteller. Wahrscheinlich seien meine Inhalte mehr jüdisch betont, meine Form mehr deutsch.

Vor fünfzehn oder noch vor zehn Jahren hätte ich anders geantwortet. Wir glaubten damals tiefer an die Kraft der Sprache. Meinten ernsthaft, die Sprache denke und dichte für den, der sie gebraucht; sie wirke aus sich selbst heraus schöpferisch Gedanken, Bilder, Inhalte. Wir überschätzten die Wirkung der Assoziationen. Wir glaubten, mit der deutschen Sprache senke sich die deutsche Vergangenheit, deutscher Himmel, deutsche Erde, deutsche Art in das sprechen lernende Kind. Sprechen, denken, fühlen seien identisch, verkündete der erste Sprachphilosoph des 19. Jahrhunderts, Fritz Mauthner. Auf sehr anderen Wegen kam dieser aufklärerische Gelehrte zu den gleichen Resultaten, der gleichen Überschätzung des Sprachlichen wie die Kabbala. Seine Gründe überzeugten uns, sie sind wohl auch heute noch nicht widerlegt. Dennoch wissen heute die meisten von uns tief innen, dass der Philosoph ein Imponderabile vergessen hat. Dieses Vergessene ist nicht schlüssig, es ist nicht nachweisbar, allein wir spüren es deutlich. Es ist nichts Mystisches, es ist ein unzweideutiges, einfaches Gefühl; nur unsere Erkenntnistheorie ist noch nicht scharf genug, es darzustellen.

Die am besten deutsch schrieben, Lessing, Goethe, Nietzsche, fühlten sich durchaus als Kosmopoliten. Die ausgezeichnete deutsche Shakespeare-Übersetzung von Schlegel und Tieck steckt, die Shakespeare-Philologie erweist es von Jahr zu Jahr deutlicher, voll von Fehlern; dennoch wird, in der fehlerhaften Übersetzung, Shakespeare in Deutschland tiefer begriffen als in den angelsächsischen Ländern, ist mehr deutscher Besitz als angelsächsischer.

Ich für meine Person bilde mir ein, ein nicht nur vordergründiges Deutsch zu schreiben, ich glaube, dass mein Deutsch Schwingungen hat, Hintergründe, auch vom besten Übersetzer nicht zu fassen; dennoch habe ich die Erfahrung gemacht, dass ich in den angelsächsischen Ländern zumindest ebenso oder wahrscheinlich besser verstanden werde als im deutschen Sprachgebiet.

Ich fühle mich somit, trotzdem meine Sprache Deutsch und die innere Form meiner Werke von deutschen Schriftstellern stark beeinflusst ist, als internationaler Schriftsteller.

In Worte zu fassen, was »jüdisch« ist, das »Jüdische« wissenschaftlich abzugrenzen ist unmöglich. Jeder Unbefangene nimmt deutlich wahr, wie trotz des nach dem Krieg neu aufflammenden Nationalismus, trotz der schärferen Markierungen der äußeren Grenzen die inneren Grenzen der Völker und Rassen langsam verschwinden. Steigender Verkehr, bessere und raschere Erkenntnis vom einen zum andern löschen sie aus. Was am Einzelvolk für den sich entwickelnden übernationalen Typ gut ist, geht in dieses neue Wesen ein, was schwach ist, unnützlich, nur eigen-sinnig, verschwindet. Man mag diese Normierung beklagen, doch wenn man kühl hinsieht, wägend, mit dem Verstand, dann lässt sich ihre Unabwendbarkeit nicht verkennen. Volksindividualität, Stammeseigenart konservieren zu wollen ist unrationell, zum Misserfolg bestimmt, bleibt Romantik.

Dies klar erkennend, bekenne ich mich zur Romantik. Soweit ich meine Arbeit abhängig machen kann von meinem Verstand, tue ich das, bemühe mich also, in der Richtung des Morgen, des Internationalismus zu wirken. Aber ich tue es mit Bedauern. Mein Herz ist auf Seite dessen, was ich bekämpfe.

Da ich glaube, die Fähigkeit zu besitzen, in meinen Werken das, was ich bin, nach außen zu projizieren, muss sich in meinen Büchern die Erkenntnis meines Verstandes und mein gegen diese Erkenntnis widerstrebendes Gefühl deutlich abspiegeln. Meine Bücher sind somit gefühlsmäßig jüdisch-national, verstandesmäßig international betont. Daraus wohl erklärt es sich, dass sie von einigen Juden als antisemitisch, hingegen etwa von deutschen Nationalisten als schlaue jüdisch-nationale Tendenzmache wüst beschimpft werden.

Ich glaube nicht, dass irgendjemand eine wirkliche, klare Demarkationslinie ziehen kann zwischen dem, was jüdisch ist, und dem, was nicht. Früher glaubte ich das tun zu können. Weil ich einigen Leuten vom Gesicht ablesen konnte, dass sie Juden waren, glaubte ich, ich könnte es bei allen. Weil ich aus einigen Büchern mit Sicherheit schloss, dass ihre Verfasser Juden seien, vermaß ich mich, Merkmale eines allgemein jüdischen Stils gefunden zu haben. Ich stellte an Schriftstellern jüdischen Blutes, auch wenn sie nicht Hebräisch konnten und sich nur wenig mit der Bibel befasst hatten, etwa bei Heine, die Merkmale hebräischer Poesie fest, den Parallelismus der Glieder und Ähnliches. Allein bei schärferer Nachprüfung erwies sich diese Feststellung nicht besser fundiert als etwa Goethes kurzes, herrisches Diktum: »Judensprache hat etwas Pathetisches.« Gewiss, es gibt einige pathetische und es gibt auch einige sentimentale jüdische Schriftsteller; aber ich kann nicht finden, dass, sagen wir, in dem »Kapital« von Karl Marx sehr viel Pathetisches steckt. Auch das Pathos oder die Sentimentalität der »auf geometrische Art demonstrierten Ethik« Spinozas dürfte sich schwer erweisen lassen.

Meine Bücher bemühen sich, nicht »jüdisch« zu sein. Sie sind, scheint mir, nicht pathetisch und nicht sentimental. Schwerlich wird man ihnen, auch bei genauer Prüfung, eine projüdische Tendenz nachweisen können. Ich habe beispielsweise von den übeln Eigenschaften und Taten des Juden Joseph Süß Oppenheimer nichts unterschlagen, ich habe sie ins Licht gehoben, eher etwas zugetan. Habe die Eitelkeit, die Prunksucht dieses Juden Süß, seinen Ehrgeiz, seine Geilheit, seine skrupellose Gier nach Erfolg ausführlich geschildert; einige sagen, zu ausführlich. Dennoch behauptet man auf der anderen Seite, ich glorifizierte diesen Juden, ich machte ihn zum Heros, und gerade die sachliche Art, wie ich das Schicksal des Mannes darstellte, reizt die Antisemiten bis aufs Blut.

Es wird wohl so sein, wie einer meiner Kritiker mir sagte: »Natürlich sind Sie objektiv. Sie sind viel zu schlau, um nicht objektiv zu sein. Aber Sie sind doch ein jüdisch-nationaler Internationalist.«

1

Nationalismus und Judentum

Jakob Lion Feuchtwanger wurde am 7. Juli 1884 in München geboren, ein Jahr nach der Hochzeit von Johanna Bodenheimer und Sigmund Feuchtwanger. Er war das erste von neun Kindern. Seine Mutter entstammte einer reichen jüdisch-orthodoxen Familie aus Darmstadt. Der Vater, ein Sprössling bayerischer Bankiers und Industrieller, leitete in zweiter Generation die 1880 in München-Haidhausen gegründete prosperierende Margarinefabrik. Der Wohlstand sicherte der Familie einen Platz in den angesehenen Kreisen der königlichen Residenzstadt.

Die Eltern hatten hohe Erwartungen an ihren Erstgeborenen. In dem jüdisch-orthodoxen Haushalt mit Dienstpersonal und einem Privatlehrer gaben die religiösen Rituale und der tägliche Unterricht in der »hebräischen Bibel«, dem Tanach, und im aramäischen Talmud den Takt vor. Diese systematische Ausbildung legte den Grundstein für Feuchtwangers profunde Kenntnisse und seine lebenslange Faszination für die Geschichte des Judentums.

Deutsche Originalfassung des englischsprachigen Artikels,
der unter dem Titel »What Other Men Believe« als Teil 1
einer Serie über die Religionen jenseits des Christentums
abgedruckt wurde, in »Sunday Dispatch«,
London, 4. Juni 1933.

4 Sunday Dispatch JUNE 4, 1933.

No. 1 In A Great New Series

WHAT OTHER MEN BELIEVE

Lion Feuchtwanger.

THE JEWS

By Lion Feuchtwanger

★ *Feuchtwanger, the famous German novelist, is one of four distinguished writers who, through the "Sunday Dispatch," are explaining the doctrines and philosophies of the great religions outside Christianity. The first article discusses the religion of the Jews.* ★

DOGMAS in the strict sense are unknown to the Jewish religion. Great Jewish theologians have often made an attempt to establish such dogmas, but without lasting success.

The Chosen People

"I Am That I Am"

Everlasting Peace

Held By A Book

Their Special Duties

Do Not To Others…

MAJOR F. YEATS-BROWN, Author of "Bengal Lancer" and authority on India, will write next week on HINDUISM

Matheson Lang as "The Wandering Jew."

Was heißt Judentum?
(1933)

Dogmen im strengen Sinn sind dem Judentum unbekannt. Große jüdische Theologen haben oft den Versuch unternommen, solche Dogmen festzulegen, aber ohne bleibenden Erfolg. Allein trotz aller Elastizität – dies hat das Judentum mit dem Buddhismus gemein – sind seine Grundanschauungen von solcher Haltbarkeit, dass sie sich für jede Epoche mit dem jeweiligen Vokabular dieser Epoche klar und unzweideutig ausdrücken lassen. Die Formulierung wechselt: die Prinzipien bleiben die gleichen.

Die Grundprinzipien des Judentums lassen sich auf vier Lehren zurückführen. Altertümlich populär ausgedrückt, sind es die folgenden: 1) der Glaube an Gott Jahve, 2) der Glaube an den Messias, 3) der Glaube an die Offenbarung, 4) der Glaube an die Auserwähltheit der Juden.

Versuchen wir, diese Grundsätze aus ihrer altertümlichen Formulierung in die Diktion der modernen Menschheit zu übersetzen, dann ergibt sich Folgendes.

1) Gott Jahve ist nicht etwa ein langbärtiger, zornmütiger Gott der Rache, der die Sünden der Väter an den Kindern heimsucht und Auge um Auge verlangt. Menschen und Geschehnisse des alten Testaments waren vielmehr für die Juden schon sehr früh Mythologie geworden, und die Pro-

pheten Jesaias und Jeremias glaubten so wenig und so viel an die körperliche Existenz des Gottes Jahve wie Plato oder Aristoteles an die physische Existenz des Zeus oder der Venus. Die Entmaterialisierung des Gottes Jahve war vielmehr schon im 7. vorchristlichen Jahrhundert so weit fortgeschritten, dass die Juden gerade wegen ihres unkörperlichen, rein geistigen Gottes zum Gespött aller derer wurden, mit denen sie in Berührung kamen. Schon damals begann man den Namen Jahve auszudeuten als: »Ich bin, der ich sein werde«, als das Ewig-Seiende also, als das geistige Prinzip, als die Idee schlechthin. So rein ideell, so entkörpert war schon im 4. vorchristlichen Jahrhundert dieses »Ewig-Seiende«, dass niemand auch nur den Namen aussprechen durfte.

Das Grundelement der jüdischen Lehre, festgelegt in dem berühmten Bibelsatz: »Höre Israel (Schema Jisroel)«, den der fromme Jude täglich zweimal bekennt, den er in Pergamentröllchen an alle Türen seines Hauses heftet und in Gebetriemen an sein Herz und an sein Hirn, den er sich ins Ohr schreien lässt unmittelbar vor seinem Tode, dieses Grundelement der jüdischen Lehre also war und ist der Glaube an einen unsichtbaren, unkörperlichen Gott, das heißt an ein geistiges Prinzip, ein Gesetz in und über der Materie, das mit den Mitteln der Experimentalforschung nicht erfasst werden kann.

Gute Psychologen, die die jüdischen Theologen immer waren, suchten sie mit allen Mitteln zu bewirken, dass dieser Glaube an das geistige Prinzip nicht im Alltag ersticke. Ein Teil des Lebens, bestimmten sie, sei unter allen Umständen frei von der Arbeit und den Gedanken des Werktags zu halten, sei einzig und allein dem geistigen Prinzip geweiht: der Sabbat. Auch der Ärmste, bestimmten sie, verscheuche an diesem Tag den Materialismus seines Alltags, fülle sich an mit dem Gefühl, dass ein geistiges Prinzip in der Welt ist, das in ihm und um ihn waltet. Und wie diese Bestimmung es vorschreibt, wird es auch heute noch gehalten von 10 Millionen unter den 15 Millionen Juden der Welt.

2) Der Glaube an dieses geistige Prinzip hat zur Folge die optimistische Überzeugung, dass diese unsere Welt nicht ein sinnloses Gebilde ist, sondern ausersehen für eine immer sinnvollere, vollkommenere Entwicklung. Der Glaube, dass ein Zeitalter sein wird, in dem es Krieg der Nationen und Kampf der Klassen nicht mehr gibt, dieser Glaube ist die zweite Grundlehre des Judentums. Sie ist am schönsten ausgedrückt in der Vision des Jesaias vom Ewigen Frieden, vom Reiche des Messias. Das Judentum glaubt an die Überwindung der Gewalt durch den Geist, das Judentum ist seinem Wesen nach pazifistisch, übernational. Die messianische Idee, die Idee vom Ewigen Frieden, oder, sehr nüchtern ausgedrückt, die Idee vom unendlich langsamen, aber sicheren Fortschritt der Menschheit ist einer der vier Grundpfeiler jüdischer Lehre.

3) Mit diesem Prinzip eng zusammen hängt der dritte Grundsatz jüdischen Glaubens, der Glaube an das göttliche Wort, an das Gesetz, an die Vernunft, an die Literatur im Gegensatz zum Glauben an das Schwert, an die Gewalt. Die Juden sind durch Jahrtausende zusammengehalten nicht durch gemeinsamen Boden, nicht durch gemeinsame Rasse, nicht durch gemeinsame Sprache, sondern einzig und allein durch ein Buch, durch die Bibel, durch Gemeinsamkeit im Geiste. Als das zweite Reich der Juden von Rom zerstört

wurde, haben sie den Staat mit Bewusstheit ersetzt durch das Wort, durch das Gesetz. Der Kult des Buches, der Lehre, der Offenbarung, den Juden schon seit ihrem ersten Auftreten in der Geschichte eigen, wurde von da an mit doppelter Intensität betrieben. »Wir haben nichts als das Buch, die Lehre«, lautet eines ihrer wichtigsten Bekenntnisse. Der Kabbala, der jüdischen Mystik, liegt das große Erstaunen zugrunde über das Wunder, dass ein Mensch mittels der Schrift seine Gedanken über die Jahrtausende fortpflanzen kann, sodass seine Urenkel noch, wenn sie nach Jahrtausenden seine Sätze lesen, das Gleiche empfinden wie er selber und in den gleichen Lauten sprechen. Das jüdische Glaubensbekenntnis ist meines Wissens das einzige, das seine Anhänger verpflichtet, ihre Kinder lesen und schreiben zu lehren. Manchmal grenzt der Kult des Wortes, der wilde Kampf um jeden einzelnen Buchstaben der Schrift ans Komische. Und rührend ist die fast abergläubische Bewunderung, die heute noch unter den Juden des Ostens der erfolgreiche Geschäftsmann dem letzten Schriftgelehrten entgegenbringt.

4) Am meisten missdeutet unter den vier Prinzipien jüdischen Glaubens ist das vierte, die These von der Auserwähltheit. Es ist gewiss, dass in ihren Anfängen, etwa um 1000 vor Christus diese Lehre nichts anders war als krasser Nationalismus; ja, man kann mit einem gewissen Recht behaupten, dass die Juden es waren, die vor 2000 Jahren als Erste den Nationalismus in die damals kosmopolitische westliche Zivilisation hineingetragen haben. Es war kein Wunder, dass eine Gemeinschaft, die lange Zeit hindurch als einzige einem geistigen Prinzip gehuldigt und dafür zahllose Opfer auf sich genommen hatte, die andern ringsum

als Barbaren betrachtete und sich selber als auserwählt. Aber die Juden haben diesen Nationalismus, dem sie vor 2000 Jahren huldigten und den sie damals auch religiös verankerten, sehr teuer bezahlen müssen, und sie haben schon vor 2000 Jahren gelernt, was andere Nationalisten erst jetzt werden lernen müssen, dass die innere Zugehörigkeit zu einer Gemeinschaft im Geiste nicht durch Geburt erlangt wird, sondern erst durch Lehrzeit und Leben erworben und dokumentiert werden muss.

Die Führer der Juden, die großen Propheten vor allem, haben den primitiven geistigen Hochmut, wie er sich ursprünglich in der These vom Auserwählten Volk ausdrückte, schon sehr früh überwunden. Schon im siebenten vorchristlichen Jahrhundert wird die Auserwähltheit dahin kommentiert, dass die Juden auserwählt seien für besondere *Verpflichtungen*, nicht für besondere *Rechte*. Seit dem Fall des zweiten Reiches kurz nach der Geburt Christi ist diese Deutung die einzige religiös gültige. Wenn jemand zum Judentum übertreten will, dann muss ihn, schreibt das Religionsgesetz vor, der Rabbi davon abzuhalten suchen. Er muss ihn belehren, dass er als Nichtjude zur Einhaltung nur weniger sozialer Grundgesetze verpflichtet sei; trete er aber zum Judentum über, dann nehme er damit ungeheuer viele und drückende soziale Verpflichtungen auf sich. Darin allein bestehe die Auserwähltheit der jüdischen Gruppe.

Seit den Zeiten des Talmud ist die Lehre von der Auserwähltheit, dies Grundprinzip jüdischen Glaubens, durchaus identisch mit der Überzeugung von der sozialen Mission des Judentums. Schlagend drückt sich diese Idee in einer berühmten Talmud-Anekdote aus. Ein Heide, erzählt dieser Bericht (der aus der Zeit kurz vor dem Auftreten Christi stammt), ein Heide kam zu dem strengen Rabbi Schammai und erklärte ihm, er wolle Jude werden, wenn Rabbi Schammai ihm die Grundprinzipien des Judentums beibringen könne in der Zeit, während der er auf einem Fuß stehen könne. Rabbi Schammai jagte ihn fort. Da ging der Mann zu Rabbi Hillel und machte ihm den gleichen Vorschlag. »Warum nicht?«, erwiderte Rabbi Hillel. »Was du nicht willst, dass man dir tue, das tu auch keinem andern. Das ist alles.«

Sie sehen, der Satz von der Auserwähltheit besagt nichts anderes als die Auserwähltheit zu einer besonders strengen sozialen Mission. Jude sein heißt, jüdischem Religionsgesetz zufolge, mehr als andere zu sozialem Denken und Handeln verpflichtet sein. Während die Zivilisation der andern weißen Völker immer wieder durch Rückfälle in die Barbarei unterbrochen wurde und wird, währt die jüdische zivilisatorische Tradition jetzt ununterbrochen durch drei Jahrtausende. Um dieser Tradition willen, für die Millionen von Juden gestorben sind, glaubt sich der Jude auserwählt, mehr als andere zur Erreichung des endgültigen messianischen Zieles der Menschheit beitragen zu müssen.

Das endgültige Ziel des Judentums ist also nicht etwa ein nationales, sondern kosmopolitisch. Sicher gibt die These von der Auserwähltheit dem jüdischen Glauben einen nationalen Anstrich. Aber dieser jüdische Nationalismus hat im Gegensatz zu jedem andern die Tendenz, nicht sich zu befestigen, sondern sich aufzulösen. Die Lehre von der Auserwähltheit ist verständlich nur im Zusammenhang mit den andern Prinzipien des Judentums, mit dem Grundbekenntnis zu einem geistigen Prinzip, mit der Lehre von der Überwindung des Schwertes durch den Geist, mit der messianischen Idee.

Die These von der Auserwähltheit entspringt dem stolzen und drückenden Bewusstsein einer ungewöhnlich schweren Mission, die erst in sehr späten Zeiten erfüllt werden kann. Der jüdische Nationalismus, wie ihn diese Lehre erzeugt hat, sehnt sich danach, aufzugehen in einer geeinten Welt, wie Salz sich im Wasser löst, nicht länger sichtbar und dennoch allgegenwärtig und für immer da.

Entstanden 1933,
erschien dieser Text erstmals in der von Lion Feuchtwanger gemeinsam mit Arnold Zweig herausgegebenen Streitschrift »Die Aufgabe des Judentums« in Paris.

Nationalismus und Judentum

(1933)

I.

Man frage den Durchschnitts-Nationalisten, sei er Deutscher, Italiener oder Jude, was er sich eigentlich unter dem Wort »meine Nation« vorstellt, und man wird gewöhnlich die entrüstete Antwort erhalten: »Nation? Das braucht man doch nicht weiter zu erklären. Nation – das spürt man eben oder man spürt es nicht. Wenn ihrs nicht fühlt, ihr werdets nie erjagen.« Kurz – nach einer klaren Definition gefragt, entwischt der Nationalist gemeinhin in den Bereich des Gefühls.

Natürlich sind viele Nationalisten bemüht, diese Gefühle mit Vernunftgründen zu umkleiden. Sie haben eine Unmenge von Gründen bei der Hand, die aber zu guter Letzt alle auf vier Grund-Ideologien hinauslaufen, die einander häufig überschneiden. Nach diesen vier Ideologien basiert nationale Zusammengehörigkeit: erstens auf gemeinsamen örtlichen und klimatischen Vorbedingungen, zweitens auf gemeinsamer Rasse, drittens auf gemeinsamer Geschichte und viertens auf gemeinsamer Sprache.

In Folgendem wollen wir diese vier Elemente der nationalen Ideologie in ihren Einzelheiten und besonders im Hinblick auf ihre Bedeutung für das Judentum untersuchen.

II.

Wir haben es also zunächst mit jenem Nationalismus zu tun, welcher behauptet, gemeinsames Klima, gemeinsamer Boden, gemeinsame örtliche Bedingungen schüfen Verwandtschaft zwischen Individuen. Es ist nun kein Zweifel, dass diese Art Nationalismus unter gewissen Bedingungen Sinn haben kann. Dieser Nationalismus war so lange sinnvoll, als die Bewohner gewisser Landstriche zur Befriedigung ihrer Bedürfnisse auf den Boden eben dieser Landstriche, auf die Erzeugnisse ihrer Nachbarn angewiesen waren. Solange die Königreiche Juda und Israel bestanden, hatte dieser Nationalismus auch für die Juden Sinn. Aber schon unter dem zweiten jüdischen Königreich, unter den Hasmonäern, hatte er einen beträchtlichen Teil seiner Bedeutung verloren. Man kann nicht behaupten, dass etwa die Römer durch die Intoleranz oder durch besondere Maßnahmen gegen die Juden für die Ausbrüche des jüdischen Nationalismus verantwortlich waren. Man kommt vielmehr den Tatsachen bedeutend näher, wenn man sagt, dass die zu jener Zeit unter der Herrschaft der Römer zusammengeschweißte zivilisierte Welt von Nationalismus überhaupt nichts wusste. Das Römische Reich bewies allen Völkern und selbstverständlich auch den Juden gegenüber eine Toleranz, die heute unvorstellbar ist: das Leben war im ganzen Reich auf eine einheitliche Formel gebracht, der Handel blühte, der Güteraustausch von einem Ende der damals bekannten Welt zum andern funktionierte mit erstaunlicher Geschwindigkeit. Die Vereinigten Staaten von Europa waren Wirklichkeit geworden. Es waren – seltsam genug – die Juden, die zu Beginn unseres Zeitalters den Nationalismus in die damals völlig kosmopolitische Welt hineintrugen. Wer meinen Roman »Der jüdische Krieg« kennt, wird mich, glaube ich, nicht der Parteinahme für die Römer zeihen. Aber ich kann meine Erkenntnis nicht verschweigen: zu jener Zeit waren die Juden die Nationalisten, nicht die Römer. Die Herrschaft der Römer war tolerant. Sie waren ausgezeichnete Verwaltungsbeamte. Ihr Regime war vernünftig. Was sie dem Land gaben und was sie von ihm nahmen, entspricht dem, was heute England in Palästina gibt und nimmt. Die Argumente, die der jüdische König Agrippa zu jener Zeit zugunsten der Römer vorbrachte und die sich gegen die Juden richteten, waren gute, vernünftige Argumente. Es gab zu jener Zeit in der Welt keinen Nationalismus. Die Welt war kosmopolitisch. Es waren, ich wiederhole es, so seltsam es klingen mag, die Juden, die als Erste in unserer Ära den Nationalismus in die zivilisierte westliche Welt hineintrugen.

Man weiß, wie bitter sie hierfür bestraft worden sind. Was die Mehrzahl der Weißhäutigen erst aus dem Weltkrieg gelernt hat oder vielleicht erst aus einem zweiten Weltkrieg wird lernen müssen – nämlich die Sinnlosigkeit eines regional-politischen Nationalismus –, das ist uns Juden vor achtzehnhundert Jahren auf eine sehr bittere, unvergessliche Weise eingehämmert worden.

Es ist ein sonderbarer, überraschender Beweis für die Trägheit und Plumpheit menschlichen Denkens, dass es auch heute noch unter den Weißen große Gruppen von Menschen gibt, die allen Ernstes wagen, das Lob eines regional-politischen Nationalismus zu singen. Alle Gründe, die einst zu seinen Gunsten sprachen, sind heute verschwunden. Verbesserte Technik, verbesserte Verkehrsmittel haben den Menschen befreit aus der Abhängigkeit von dem Boden, auf dem er lebt, haben ihn befreit aus der Abhängigkeit von Werkstätten und Fabriken innerhalb seiner unmittelbaren Umgebung. Er kann heute, wo immer er leben mag, sich das, was er braucht, da beschaffen, wo er es am besten und billigsten erhält. Weder die Gefühle noch die Erfahrungen des Einzelnen werden heute ausschließlich von dem Land bestimmt, in dem er lebt, von seinem Himmel, seinem Boden, seinen Pflanzen, seinen Menschen, seinen Lebensformen. Im Gegenteil – Bücher, Zeitungen, Bilder, Filme tun ihr Bestes, ihn mit der ganzen Erde bekannt zu machen, mit dem Wesen des ganzen Planeten und der Dinge, die sich auf ihm abspielen.

Dazu kommt, dass die Grenzen der meisten nationalen Gebiete Europas nicht auf Grund irgendwelcher vernünftiger geographischer oder wissenschaftlicher Erwägungen, sondern durchaus willkürlich gezogen sind. In einigen Fällen gehen sie zurück auf strategische Überlegungen, in anderen auf Verträge, die vor Hunderten von Jahren von irgendwelchen großen Herren geschlossen wurden, in wieder anderen einfach auf Vergesslichkeit: beim Abschluss eines wichtigen Vertrages haben die vertragschließenden Parteien ein kleines Stück Land ganz einfach übersehen.

Die verhängnisvolle Wirkung eines solchen Regional-Nationalismus auf das kleine, übervölkerte Europa kann kaum überschätzt werden. Auf einem Gebiet, nicht halb so groß wie die Vereinigten Staaten, ist das Dreifache der amerikanischen Bevölkerung zusammengedrängt, und diese Menschen sprechen zweiundneunzig verschiedene Sprachen. Sie könnten sich untereinander in ausreichender Weise versorgen, wenn sie nur ihre Erzeugnisse frei austauschen wollten. Stattdessen bilden sie vierunddreißig verschiedene Staaten, sperren sich einer von dem andern ab, misstrauen einer dem andern, sind über nichts einer Meinung und stimmen nur in einem einzigen Punkt überein – ein jeder erwartet das Schlimmste von seinem Nachbarn.

Wir wollen nun nicht behaupten, besser zu sein, als wir sind, und geben sofort zu: innerhalb der letzten Jahrzehnte haben nicht einmal wir Juden uns völlig frei von der Torheit des regional-politischen Nationalismus gehalten. Es gibt unter den Zionisten Anhänger dieses sinnlosen Nationalismus: es gibt eine Art jüdischer Hitlerei. Glücklicherweise aber hat die Mehrheit der Juden die Überzeugung von der Sinnlosigkeit solcher Bestrebungen tief in ihrem Blut, und der Nationalismus sogar der meisten Zionisten ist so verfeinert, dass er mit dieser Art Nationalismus nicht das Geringste mehr zu schaffen hat.

III.

Und wenn es auch unter den Juden einige wenige Anhänger des politisch-regionalen Nationalismus gibt, so können wir doch mit aller Bestimmtheit feststellen: mit der zweiten nationalistischen Ideologie, mit der Rassentheorie, hat der jüdische Nationalismus nichts zu tun.

Die Idee der Rasse ist sehr jung, weder die Antike noch das Mittelalter kannte sie. Das Wort »Rasse« trat in Europa zum ersten Mal im neunzehnten Jahrhundert auf, es wurde erfunden von dem Franzosen Gobineau, propagiert von dem germanisierten Engländer Houston Stewart Chamberlain, vulgarisiert von dem deutschen Demagogen Adolf Hitler. Irgendein wissenschaftliches Kriterium liegt dem Begriff nicht zugrunde. Es sind bekanntlich unzählige Versuche gemacht worden, etwas wie eine wissenschaftliche Grundlage für die Rassentheorie zu schaffen. Man hat sich nicht darauf beschränkt, einen Katalog der Hautfärbungen anzulegen. Man hat Blutuntersuchungen angestellt, Schädel gemessen, Haare untersucht, Gehirne seziert. Alle diese Experimente sind ohne Ergebnis geblieben. Wir dürfen schließlich auch nicht vergessen, dass fast ganz Europa von einer durch und durch gemischten Bevölkerung bewohnt wird. Sogar in der deutschen nationalsozialistischen Partei zum Beispiel, die grundsätzlich ganz auf der Rassentheorie fußt, weist nur ein Zehntel der Mitglieder die sogenannten typischen körperlichen Merkmale der germanischen Rasse auf – den langen Schädel, die blauen Augen und das blonde Haar. Und es ist ein überraschendes Zusammentreffen, dass gerade die Führer dieser Bewegung, die Hitler und Goebbels, weder einen langen Schädel haben noch blaue Augen noch blondes Haar. Ich erinnere mich an eine charakteristische Bemerkung, die einer der Führer der deutschen völkischen Bewegung zu Beginn seiner Laufbahn tat. Dieser Mann behauptete, unter den fünfundsechzig Millionen Deutschen seien nur etwa sechstausend reinrassige. Diese sechstausend, fuhr er fort, seien somit Eigentümer des gesamten Landes, die übrigen fünfundsechzig Millionen nichts als geduldete Gäste.

Da die körperlichen Merkmale nicht standhielten, machten die Rassentheoretiker den Versuch, die sogenannten geistigen Merkmale als Kriterium heranzuziehen, Merkmale, deren Bewertung dem Einzelnen überlassen bleibt, Eigenschaften wie Mut, Idealismus, Vitalität, Heroismus und dergleichen. Es leuchtet ein, dass man mit Hilfe einer auf solche Merkmale gegründeten Definition jeden Menschen entweder einer Gruppe zuzählen oder ihn aus ihr ausstoßen kann. Wie ausschließlich die Verfechter dieser

Theorie sich dabei auf ihr Gefühl stützten, mag man aus Folgendem ersehen. Der antisemitische Führer Richard von Schaukal antwortete, als man ihn nach den jüdischen Charakter-Merkmalen fragte: »Die jüdischen Charakteristika sind diejenigen, welche den Juden als den vom Juden abstammenden Semiten determinieren. Es ist unnötig, sie zu beschreiben.«

Die beiden Väter der Rassenbewegung, Gobineau und Chamberlain, geben ohne Umschweife zu, dass die Grundlage ihrer Klassifikation nicht wissenschaftliche Forschung ist, sondern einzig und allein das Gefühl. Sie führen einen erbitterten Kampf gegen die Ratio. Immer und immer wieder führen sie das reine Gefühl, den reinen Instinkt gegen die Vernunft ins Feld. Die fehlende Logik wird durch einen bis zur Weißglut erhitzten Fanatismus ersetzt. In der Stadt Weimar, in der einstmals Goethe Minister war, hat der neue Unterrichtsminister, ein Anhänger der Rassentheoretiker, verkündet: »Das deutsche Kind müsse so erzogen werden, dass es vor dem niedrigsten Straßenkehrer in Deutschland mehr Hochachtung hat als vor einem Erfinder in England und Amerika.«

Wir können mit aller Bestimmtheit behaupten: das Judentum hat sich von diesem Rassenwahn ferngehalten. Das klassische Hebräisch kennt kein Wort für »Rasse«. Die Juden haben nie geglaubt, dass sie sich schon durch Geburt in körperlicher oder geistiger Hinsicht von anderen Menschen unterscheiden. Hätten sie das geglaubt, dann hätten sie es nicht nötig gehabt, diese Unterscheidung von anderen Völkern erst durch eine ganze Reihe äußerer Hilfsmittel künstlich herzustellen, durch die Beschneidung, das Verbot des Rasierens und ähnliche Behelfe. Viele glauben, die Juden hätten seit Tausenden von Jahren, seit Esra und Nehemia, Rassenreinheit mit besonderer Beflissenheit gewahrt. Sie glauben, nur daraus erkläre es sich, dass die Juden als einzige Gruppe unter den Weißhäutigen geschlossen durch die Jahrtausende sich haben erhalten können. Dieser weit verbreitete Glaube ist ein schwerer Irrtum. Sind es doch gerade die allergrößten unter den Juden, beispielhafte Persönlichkeiten, die in so vielen Fällen von Moses bis zu Führern unserer Zeit Mischehen eingegangen sind.

In einigen Fällen haben die Juden sich sogar ganze Gruppen fremder Völker einverleibt. Man denke besonders an die Chasaren, ein Volk von einigen hunderttausend Menschen, das als Ganzes zum Judentum übertrat. Nein – eine so billige Lehre wie die Rassentheorie reicht nicht aus, um Wesen und Dauer des Judentums zu erklären.

IV.

Nicht viel besser als um die logischen Fundamente der Rassentheorie steht es um die der geschichtsphilosophischen Ideologie des Nationalismus. Die Grundlehre des Wortführers dieser Gruppe, des überhaupt angesehensten Ideologen des Nationalismus, Oswald Spengler, lautet folgendermaßen: »Alle großen Ereignisse der Geschichte sind nicht eigentlich von Völkern ausgeführt worden, sondern haben Völker erst hervorgerufen.« Diese Lehre hat etwas Bestechendes, vielleicht gerade wegen ihres Mystizismus. Man höre Oswald Spenglers schönsten Satz: »Weder die Einheit der Sprache noch der körperlichen Abstammung ist entscheidend. Große Taten verändern das Wesen des Einzelnen und der Gruppe um ihn; große Taten machen aus einer Bevölkerung ein Volk. Was ein Volk von einer Bevölkerung unterscheidet, es aus dieser abhebt und wieder in ihr aufgehen lässt, ist stets das innere Erlebnis des Wir. Einen anderen Inhalt des Wortes Volk gibt es nicht.«

Das klingt sehr schön. Es spricht zur Seele. Leider nur entbehrt es der Logik. Praktisch nämlich läuft die Erinnerung an vergangene große Ereignisse, auf der nach Spengler das Nationalempfinden basiert, auf nichts anderes hinaus als auf jene tendenziöse, moralisierende Literatur, die in den Schullesebüchern als Geschichte verzapft wird. Es ist nicht auszudenken, welche Opfer an Logik diese nationalistische Schullesebuch-Geschichtsschreibung von dem Durchschnittseuropäer verlangt, durchtränkt er sie, der Vorstellung Spenglers zufolge, mit Gefühl. Kreuz und quer müssten wir uns durch die allerverschiedensten geschichtlichen Ereignisse verbunden fühlen. In meinem Heimatland Bayern arbeitete im Jahre 1807, als Bayern sich dem napoleonischen Rheinbund anschloss, die Akademie der Wissenschaften ein Gutachten aus, die Bayern seien ihrer Abstammung und ihrer Geschichte nach Kelten und somit den Franzosen innerlich verbunden und Erbfeinde der Preußen. 1866 noch führten die Bayern einen Krieg gegen Preußen, und der letzte bayrische König, der kurz nach der Revolution starb, trug bis zu seinem Ende eine preußische Kugel in seinem Leib mit herum. Das hinderte nicht, dass man seit 1870 von uns verlangte, jetzt sollten wir uns innerlich den Preußen verbunden fühlen, die Erbfeinde seien jetzt wieder die Franzosen. Als Idealgestalt wurde uns jetzt der Preußenkönig Friedrich II. hingestellt. Der hatte zwar seinesteils wieder zumeist französisches Blut in sich, war alles eher als ein Bayernfreund, hat nur französisch gesprochen und so erbärmlich deutsch, dass wir, wenn wir sein Deutsch geschrieben hätten, aus der Schule geflogen wären.

Bei den andern europäischen Völkern steht es um das gemeinsame historische Erleben nicht viel besser als bei uns. Alle Historie geht da überall kreuz und quer durcheinander, und es bleibt unklar, wer sich wem verbunden fühlen soll.

Wie stellt sich nun das Judentum zu diesem Problem der Verbundenheit durch gemeinsame geschichtliche Erinnerung? Man kann nicht bestreiten, dass das Judentum das denkbar größte Gewicht auf die großen Männer und die großen Taten seiner alten Geschichte legt. Der rabbinisch gläubige Jude geht sogar so weit, anzunehmen, die Verdienste seiner Vorfahren seien in gewissem Sinne seine eigenen.

Das Judentum bemüht sich mit allen Mitteln, das Gedächtnis großer vergangener Ereignisse lebendig zu erhalten. Immer wieder erinnert sich diese Gemeinschaft auf die eindrucksvollste Art an Fakten wie den Auszug aus Ägypten oder die Zerstörung des Tempels. Selbst reine Dichtung wie die Geschichte um Esther spielt in der Tradition der Gemeinschaft eine große Rolle, und diese Tradition wirkt durch Worte und Gebräuche unablässig auf das tägliche Leben ein. Sogar an verhältnismäßig nebensächlichen Dingen hält man mit beispielloser Hartnäckigkeit fest. Ich gestehe, dass es für mich etwas Ergreifendes, aber leicht Komisches hat, wenn noch heute die erfundenen Söhne des erfundenen Haman wütend beschimpft werden oder wenn noch heute Millionen Juden im täglichen Gebet das Gedächtnis jenes Amalekiter-Häuptlings verfluchen, der vor viertausend Jahren die Nachhut und die Sanitätskolonne der Juden angriff.

Man sieht mit Verwunderung, dass derartige legendäre Begebenheiten – man denke etwa auch an das Lichterfest Chanukka und dergleichen – in der Tradition der Juden eine Rolle spielen, während Ereignisse von ungleich größerer historischer Tragweite, die Austreibung aus Spanien zum Beispiel oder die großen Daten der Emanzipation, in den Riten und in der Liturgie des jüdischen Volkes so gut wie keine Spuren hinterlassen haben. Allein gerade diese Tatsache erweist, dass die genannten Feste nicht Jahrestage nationalen Gedenkens im Sinne Oswald Spenglers sind. Ist doch die ganze Geschichte der Juden viel eher historische Dichtung, viel eher Mythologie als Historie im modernen Sinn. Alle diese Gedenktage sind reine Symbole, Mittel zum Zweck. Die sorgfältige Pflege der historisch mythologischen Tradition ist ein klug angewandtes Mittel, kein Selbstzweck. Das Wesen des jüdischen Nationalismus liegt ganz anderswo.

V.

Auch die dritte der vier Ideologien des Nationalismus, die vom inneren Erlebnis des Wir, kann also nur mit den vorsichtigsten Einschränkungen auf die jüdische Gemeinschaft angewandt werden. Und noch weniger Gültigkeit für das Judentum hat die verhältnismäßig sinnvollste unter den vier Ideologien, die von der gemeinsamen Sprache.

Ja, die Herleitung des Nationalismus aus der Sprache fußt ohne Zweifel auf viel soliderem Grund als die drei anderen Ideologien. Die Festigkeit und Dauer, mit der die Muttersprache den Einzelnen mit allen andern verbindet, die diese gleiche Muttersprache sprechen, kann gar nicht hoch genug eingeschätzt werden. Der Mensch, der in eine Sprache hineinwächst, kommt sein ganzes Leben lang nicht mehr von ihr los, diese Sprache denkt für ihn, katalogisiert für ihn die Erscheinungen der Welt, katalogisiert seine eigenen Empfindungen, grenzt sie ab, formt sie. Die Sprache ist das einzige Mittel, durch das sein Unbewusstes über die Schwelle der Bewusstheit dringt. Schon der einfachste Begriff, Stuhl, Haus, Fuß, erhält in der fremden Sprache ein anderes Gesicht, einen andern Geschmack. Und je mehr ein Begriff sich vom Nur-Gegenständlichen entfernt, umso verschiedener ist seine Begrenzung, sein Geschmack, seine Wirkung in der fremden Sprache.

Die gruppenbildende Bedeutung der Sprache kann gar nicht hoch genug angeschlagen werden. Wer eine Sprache von Kind an in sich aufnimmt, sodass er in ihr denkt, der nimmt in sich auf alle die Gedanken, Gefühle, Willensstrebungen, die seit dem Entstehen dieser Sprache in ihr gedacht, gefühlt, gewollt wurden, also das Erlebnis einer bestimmten Gruppe von Menschen seit urlanger Zeit. Die Sprache zwingt ihn, ob er will oder nicht, in ihrer Richtung weiterzudenken, weiterzuspüren. Niemand kann sich dem Gedankenschema seiner Muttersprache entziehen. Gemeinsame Sprache stellt eine Bindung her, von der auch der Eigenwilligste nicht loskommt.

Es ist seltsam, dass ein so eminent literarisches Volk wie die Juden gerade dieses gemeinsame Band nicht besitzt. Man wird hier vielleicht einwenden, dass doch die Juden Jahrtausende hindurch in der Bibel und in der Liturgie eine gemeinsame Sprache besaßen. In glaube nicht, dass das ein triftiger Einwand ist. Seit 2500 Jahren ist das Hebräische keine wirklich lebende Sprache mehr. Seit der Zerstörung ihres ersten Königreichs haben die Juden des Ostens griechisch gesprochen oder persisch oder aramäisch, eine Art antikes Jiddisch. Seit jener Zeit hat das Hebräische für das Judentum höchstens die Bedeutung, die etwa das Lateinische für den Katholizismus hat. Ich verfolge mit dem größten Interesse und der wärmsten Sympathie die Bestrebungen der Heutigen, aus dem Hebräischen eine lebendige Sprache zu machen. Es ist mir nicht unbekannt, dass heute bereits viele tausend Juden von Kindheit an Hebräisch als Alltagssprache sprechen, ich habe es selbst sprechen hören, ich habe es gern sprechen hören, ich habe nicht ohne Ergriffenheit die hebräischen Ausgaben meiner Bücher gelesen. Aber, frei heraus, ich zweifle, ob diese Bemühungen Erfolg haben werden. Ich wünschte herzlich, dass die Wirklichkeit mich widerlegt. Aber ich zweifle, ob eine Sprache, die so lange Zeit hindurch von der lebendigen Entwicklung abgeschnitten war, künstlich wieder belebt werden kann.

Dazu kommt, dass die Sprachenentwicklung der ganzen Welt in der entgegengesetzten Richtung geht. Ich bin ein leidenschaftlicher Anhänger der Nationalsprachen. Die deutsche Nationalsprache ist das Grundelement meines Lebenswerks, als Schriftsteller lebe ich in jeder Hinsicht, materiell und ideell, von der Sprache. Die Nationalsozialisten erklären mir, ich sei ein besonders schlechter Deutscher, sie haben mir die Staatsangehörigkeit abgesprochen, und ich unterschreibe von ganzem Herzen die Tatsache, dass ich mit dem Deutschtum dieser Leute nichts zu tun habe. Aber zuallertiefst verbunden fühle ich mich der deutschen Kultur und der deutschen Sprache, und ich wüsste nicht, wie ich ohne das Deutschland dieser Sprache und Kultur leben sollte. Ich muss freilich bei dieser Gelegenheit anmerken, dass sich die deutsche Kultur immer jenseits des Bereichs der politischen und wirtschaftlichen Machthaber entwickelt hat. Es entbehrt nicht einer gewissen Komik, dass gerade die Regierenden in Deutschland, die Führer jener Partei, die sich die nationale nennt, ein besonders schlechtes Deutsch sprechen und, nach dem Zeugnis ihrer eigenen Sprachwissenschaftler, nicht das geringste innere Verhältnis zur deutschen Sprache haben.

Ich selber habe deutsche Philologie studiert, mit heißem Bemühen und nicht ohne Erfolg, wie ich glaube, und ich habe mich oft mit größter Sorgfalt in die Werke deutscher Autoren jüdischer Herkunft vertieft, um irgendein sprachliches Merkmal zu finden, das eindeutig auf ihre jüdische Abkunft hinwiese. Es ist mir trotz emsigsten Studiums nicht geglückt, in irgendeinem Werk der großen deutschen Dichter jüdischer Abstammung, von Mendelssohn bis Schnitzler und Wassermann, von Heine bis Arnold und Stefan Zweig, irgendein solches Merkmal zu entdecken.

Sei dem, wie ihm wolle, ich gebe mich, so tief ich von der Bedeutung der Nationalsprache überzeugt bin, keiner Illusion darüber hin, dass die Existenz der Nationalsprachen befristet ist. Die Auflockerung der Grenzen durch die Entwicklung der modernen Technik und des modernen Verkehrs muss notwendig auch auf die Nationalsprachen einwirken. Die internationale Technik normalisiert in der ganzen Welt die Lebensformen. Die Quellen der Begriffsbildung, die großen Erlebnisse der Gesamtheit sind heute in fast allen Ländern die gleichen. So kommt es, dass fast alle Begriffe, die unsere Epoche neu geschaffen hat, Begriffe der Wirtschaft, der Gesellschaftslehre, des Krieges in den meisten Sprachen mit den gleichen Wörtern bezeichnet werden. Soziologie, Technik, Literatur, Bolschewismus, Elektrizität, Tank, Organisation, Inflation, Sport, alle diese

Begriffe und zahllose von ihnen abhängige werden heute in den meisten Sprachen mit den gleichen Fachausdrücken benannt. Das neu hinzuerworbene Sprachgut der einzelnen Sprachen ist international, seine Hauptquellen sind das Griechische, das Lateinische, das Angelsächsische. Das Italienische hat zugesteuert die Worte: Cicerone und Faschismus, das Deutsche die Worte: Kaiser, Reich, Weltanschauung, Sauerkraut, Nazi, Gleichschaltung, Konzentrationslager, Aufmachung, Fräulein, Schnaps, Führer und Ersatz.

Die Internationalität der Technik und der Lebensformen ist also auf dem Wege, die Einzelsprachen auszutilgen, sie durch eine gemeinsame Weltsprache zu ersetzen. Sehr langsam, doch mit der Sicherheit, mit der das Zugtier vom Auto abgelöst wird, werden die Nationalsprachen von einer gemeinsamen Weltsprache abgelöst werden. Angesichts einer solchen Lage scheint mir das Bestreben, eine neue Volkssprache, das Hebräische, zu schaffen, ein höchst liebenswertes, doch nicht sehr aussichtsreiches Unternehmen.

VI.

Fassen wir noch einmal zusammen, was wir bisher gefunden haben. Wir fanden, dass der Nationalismus auf vier Hauptideologien fußt. Es sind das die politisch-regionale Theorie, die Rassentheorie, die Ideologie vom gemeinsamen Erlebnis des Wir, die Theorie von der gemeinsamen Sprache. Wir fanden weiter, dass diese vier Ideologien zur Bestimmung des Judentums nur sehr eingeschränkt oder überhaupt nicht brauchbar sind. Wenn es aber unmöglich ist, das Judentum mit Hilfe dieser vier Ideologien zu definieren – was dann ist es eigentlich? Was dann sind die Merkmale, die diese Menschengruppe zusammenhalten, sie von andern unterscheiden, ihr Sonderzüge verleihen?

Ich glaube um diese Merkmale zu wissen. Aber nun stehe ich selbst vor der Schwierigkeit, von der ich zu Eingang dieser Untersuchung sprach. Gedanke und Gefühl gehen hier so ineinander, dass es überaus schwer ist, den rechten, sachlichen, handfesten Ausdruck zu finden. Es verhält sich mit den Merkmalen des Judentums wie mit dem jüdischen Gott, dessen Name unaussprechbar ist und der doch in all seiner Gestaltlosigkeit intensiver existiert als die eindeutig gefärbten Götter anderer Menschengruppen. Judentum ist keine gemeinsame Rasse, kein gemeinsamer Boden, keine gemeinsame Lebensform, keine gemeinsame Sprache: Judentum ist eine gemeinsame Mentalität, eine gemeinsame geistige Haltung. Es ist das Einverständnis aller dieser Gruppe Zugehörigen, der consensus omnium, in allen entscheidenden Problemen. Es ist die Übereinstimmung, das Einverständnis einer dreitausendjährigen Tradition über das, was gut ist und was schlecht, was Glück und Unglück, wünschenswert und hassenswert, ein Einverständnis in den Elementaranschauungen über Gott und Menschlichkeit. Dieses Einverständnis ist wie gesagt dreitausend Jahre alt. Wenn beispielsweise der Amerikanismus seine Anhänger schon in der dritten Generation einander außerordentlich ähnlich macht, sie standardisiert, wie sehr dann muss eine Mentalität, die sich drei Jahrtausende hindurch unverändert erhalten hat, ihre Anhänger einander ähnlich machen, sie standardisieren.

Diese Mentalität ist in keinem Dogma niedergelegt. Das Judentum kennt keine Dogmen, obwohl man oft genug den Versuch gemacht hat, Dogmen zu schaffen, in Vers und

Prosa. Aber diese Dogmen, auch wenn sehr große Männer ihre Verfasser sind, haben die geistige Haltung des Judentums niemals rein und klar ausdrücken können. Viel eher schon ist diese Mentalität eingefangen in jener berühmten Antwort des Rabbi Hillel an den Heiden, der ihn nach dem Wesen des Judentums befragte. Die Anekdote stammt aus der Zeit des Auftretens Christi. Es kam, berichtet der Talmud, ein Heide zu dem strengen jüdischen Theologen Schammai und erklärte, er sei bereit, zum Judentum überzutreten, wenn Rabbi Schammai ihm die Grundlehren des Judentums beibringen könne in der Zeit, da er auf einem Bein stehen könne. Rabbi Schammai warf den Mann hinaus. Daraufhin wandte sich der Mann an Rabbi Hillel. »Warum nicht?«, antwortete Rabbi Hillel. »Was du nicht willst, dass man dir tu, das füg auch keinem andern zu. Das ist alles.«

Und es ist wirklich alles.

VII.

Man wird einwenden, zu diesem Grundprinzip bekenne sich mit Ausnahme der Nationalsozialisten die gesamte weißhäutige Menschheit. Gewiss. Aber der grundlegende Unterschied ist dieser. Die meisten unter den Weißhäutigen erkannten die Nützlichkeit und Notwendigkeit dieses Prinzips erst verhältnismäßig spät, sodass dieser Grundsatz des Sozialismus zwar in ihre Einsicht eingehen konnte, in ihre Ratio, ohne sich jedoch zum Instinkt zu entwickeln. Die jüdische Mentalität hingegen steht in allem Wesentlichen bereits seit zweitausendfünfhundert Jahren fest und fertig da. Sie gewann giltige Gestalt zum ersten Mal in dem zweiten Jesajas. Von da an blieb sie in der Welt, ununterbrochen, in allem Wesentlichen immer die gleiche bis heute.

Ja, es ist diese Kontinuität, die den Unterschied schafft zwischen jüdischer Mentalität und der der andern weißen Völker. Gewiss haben auch andere Gruppen der Weißen schon sehr früh einen hohen Grad sozialer Einsicht erreicht. Aber die Kultur und die Zivilisation dieser Gruppen wurde wieder und wieder zerstört, unterbrochen. Es fehlte diesen Kulturen die Kontinuität, ihre Entwicklung brach ab, musste von neuem angestückt werden, lief nicht organisch durch bis heute. Die letzte große, von Weißen errichtete Kultur, die griechisch-römische, wurde im 5. Jahrhundert durch die Invasion der Barbaren zerstört, es bedurfte eines Jahrtausends, es dauerte bis zur Renaissance, ehe diese Barbaren fähig waren, die Fäden neu zu knüpfen, da weiterzubauen, wo die Weißen schon einmal gestanden hatten. Die Juden sind unter den weißen Völkern das einzige, das alten Kulturbesitz aus sehr frühen Zeiten bis in unsere Tage in ununterbrochener Tradition, in nie gestörtem Fluss herüberretten konnte. Es ist infolgedessen sehr wahrscheinlich, dass der Sozialismus dieser Menschengruppe, da er zweitausend Jahre älter ist als der der übrigen Gruppen, weiter fortgeschritten ist auf dem Weg von bloßer Einsicht zum Instinkt, dass er in dieser Gruppe tiefer wurzelt als in andern.

Ein Beispiel. Die zivilisierte Welt hat im vergangenen Jahr zwei Jubiläen gefeiert, das Goethes und das Spinozas. In diesen beiden Männern ist der Unterschied zwischen jüdischer und nichtjüdischer Geisteshaltung auf beispielhafte Art leibhaft geworden. Die soziale Einsicht beider Männer ist die gleiche, ja, Goethe nannte sich einen überzeugten Schüler Spinozas. Aber Goethe zog einen deutlichen, bequemen Trennungsstrich zwischen seiner Erkenntnis und seinem Leben. Er lehrte: »Der Handelnde ist immer gewissenlos, Gewissen hat niemand, nur der Betrachtende.« Und er führte sein Leben gemäß diesem Satze. Der Schriftsteller Goethe, der Dichter Goethe hat immer Gewissen. Der handelnde Mensch Goethe hat es sehr oft nicht. Dieser zweite Goethe verführte seine Freundin und ließ sie sitzen: Goethe, der Dichter, zeigt den Mann, der in äußerster Gewissensnot alles daran setzt, seine Geliebte zu retten. Der Kabinettsminister Goethe verurteilt gegen alle Stimmen der Kollegen ein Mädchen zum Tode, weil sie ihr Kind getötet hat. Der Dichter Goethe findet für die Kindesmörderin jede Rechtfertigung und lässt sie in den Himmel eingehen. Kurz, Goethe, der handelnde Mensch, war in manchen Fällen ohne Gewissen und begnügte sich, Gewissensbedenken später durch Dichtung abzureagieren.

Spinoza lebte anders. Für ihn blieb Erkenntnis nicht bloße Erkenntnis, er lebte seine Erkenntnis. Er brachte auf stille, bescheidene Art jedes Opfer, um gemäß der Ethik zu leben, die er auf geometrische Art demonstriert hat. Er wusste zu schätzen, was behagliches Leben ist, aber er gab auch nicht ein Quentchen seiner Erkenntnis dafür preis, sondern zog es vor, kärglich vom Schleifen optischer Gläser zu leben. Er nahm den Bann auf sich und die Gefährdung seines Lebens, ehe er seine ketzerischen Ansichten widerrief. Er lehnte einen ehrenvollen Ruf an die Universität Heidelberg ab, um die Unabhängigkeit seiner Forschung zu wahren. Man hat Leben und Werk beider Männer, Spinozas wie Goethes, als beispielhaft hingestellt. Jüdische Geisteshaltung neigt sich bewundernd vor Goethes Werk, aber sie steht nicht an, Goethes Praxis erheblich weniger beispielhaft zu finden als die Spinozas.

VIII.

Ich habe zu zeigen versucht, dass der echte jüdische Nationalismus sich vom Nationalismus anderer Völker dadurch unterscheidet, dass er lediglich in dem Bekenntnis zu einem geistigen Prinzip besteht. Dieses geistige Prinzip hat seinen Namen manchmal geändert, aber im Wesen blieb es immer das gleiche, vom Gott des Jesajas bis zum Gott Spinozas. Der Gott der alten Juden, der Gott Jahve, der gestaltlose, ewig unveränderte, das geistige Prinzip schlechthin, hat bekanntlich bei andern Völkern immer wieder Spott und gröbsten Schimpf hervorgerufen. Die Tatsache, dass im Allerheiligsten des jüdischen Tempels Nichts war, einfach und schlechthin Nichts, ein unsichtbarer Gott, dessen Namen die Juden nicht einmal auszusprechen wagten, den nur einmal im Jahr ihr Hohepriester beim Namen rufen durfte – dieses Bekenntnis zu einem gestaltlosen Gott reizte und erbitterte immer wieder den grobgesunden Menschenverstand der Völker ringsum. Sie wollten es nicht glauben, dass in diesem Allerheiligsten wirklich gar nichts war. Sie parodierten den Namen dieses unsichtbaren Gottes, sie machten aus Jahve Jah Jah, das Schreien eines Esels; sie erklärten, die Juden verehrten in ihrem Allerheiligsten einen Eselskopf. Es sind dies im Grund die gleichen Einwände, die gegen den unpersönlichen Gott Spinozas erhoben wurden, gegen jenen entmaterialisierten Gott, von dem ein Spötter behauptete, er sei also wohl eine Art überall hindringenden Gases. Zwischen dem Esel des antiken Skeptikers und dem Gas des modernen ist kein großer Unterschied, es ist der Widerstand des Materialisten gegen das Bekenntnis zu einem geistigen Prinzip. Und es ist, freilich in überaus vergröberter Form, dieser gleiche Widerstand gegen das geistige Prinzip an sich, der heute die deutschen Nationalsozialisten im Judentum den Erbfeind erblicken lässt; diese kleinbürgerlichen Materialisten sehen im Judentum das Zentrum alles dessen, wogegen sie mit so wüstem Hass angehen: eben des Bekenntnisses zum Geistigen.

Gewiss ist der sinnenfällige Nationalismus bequemer, gewiss spricht er mehr zum Gefühl als der immaterielle jüdische Nationalismus. Nur entspricht eben leider der materielle Nationalismus keiner Wirklichkeit und lässt sich mit der Logik nicht in Übereinstimmung bringen. Ein Gott mit einem langen Bart und einem Heiligenschein spricht mehr zum Gemüt als der Gott Spinozas. Aber nur Spinozas Gott, nicht der bequeme, liebenswerte Gott der Kinderfibel besteht vor der Vernunft. Ein Nationalismus, der auf gemeinsamem Boden, auf gemeinsamer Rasse basiert, spricht zum schlichten Gemüt. Die Logik lehnt ihn ab. Die Logik lässt nur den einen Nationalismus gelten, der auf gemeinsamer Mentalität basiert, aus den gleichen Gründen, aus denen sie den Gott Spinozas gelten lässt und nicht den Gott der Kinderfibel.

IX.

Allein eine Form gibt es, in der das Immaterielle in einem gewissen Sinn Materie werden kann: das ist das geschriebene Wort, die Literatur. Und es ist kein Zufall, dass die Literatur dem jüdischen Nationalismus so wesenhaft verknüpft ist. Nächst den Chinesen sind die Juden das am meisten literarische Volk der Welt. Zweitausendfünfhundert Jahre wurden sie einzig und allein durch ein Buch zusammengehalten – durch die Bibel. Ihr ganzes Wesen bestand aus der fanatischen Liebe zu diesem Buch. Von der

Geburt bis zum Tod brachten sie ihr Leben in Übereinstimmung mit diesem Buch. Ehrfurcht vor dem endgültig geschriebenen Wort, vor der Literatur wurde zu einem Teil ihres Daseins. Literarische Tätigkeit sahen sie als den höchsten aller Berufe an. Unwissenheit, Mangel an literarischer Bildung galt ihnen als der größte Schimpf. Zweitausend Jahre hindurch war ihnen durch Gesetz vorgeschrieben, schon in frühester Jugend Lesen und Schreiben zu lernen. Ihre Mystik, die Kabbala, gründet sich auf das große, heilige Staunen darüber, dass der geschriebene Buchstabe dem Menschen Macht gibt, seine Gedanken und Gefühle für alle Ewigkeit zu konservieren, die Welle zum Stehen zu bringen, zweimal in die gleiche Welle zu steigen. Es war eine der frühesten Erkenntnisse, die die Juden von den andern Gruppen der Weißen unterschied, dass die Erfahrungen der Menschheit sich nur durch Wort und Schrift überliefern lassen. Diese wissende Ehrfurcht vor der Literatur ist einer der Wesenszüge der jüdischen Sinnesart und somit des jüdischen Nationalismus.

X.

Langsam beginnt überall auf dem Planeten die Erkenntnis zu dämmern, dass die gruppenbildende Kraft eines Buches manchmal stärker sein kann als die gemeinsame Scholle. Es ist seltsam, dass gerade zu der Zeit, da man sich unter den Juden heiß bemüht, in Palästina eine neue Heimat zu schaffen, in der übrigen Welt der Glaube an die verbindende Kraft von Heimat und Scholle mehr und mehr ins Wanken kommt.

Ja, so ist es. Seit Jahrtausenden haben wir die Verbundenheit mit der Scholle, die Beschränkung der ganzen Persönlichkeit auf ein kleines Stück Erde als eine besondere Tugend gepriesen. Die Ernährung des eigenen Landes war das schwierigste Problem der Völker, man war angewiesen auf den Nährstand des eigenen kleinen Bezirks, auf den Bauern. Auf dem, was er produzierte, nur darauf basierte das Leben der Gesamtheit. Kein Wunder, dass man den Bauern besonders hochschätzte, dass man ihm den Vorzug gab vor dem Nomaden.

Mit den Fortschritten der Technik, mit der Erleichterung des Verkehrs hat sich das von Grund auf geändert. Lebensmittel, die früher mit ungeheurer Mühe auf dem eigenen Boden produziert werden mussten, werden heute zehnmal leichter und billiger aus andern Erdteilen herbeigeschafft. Die äußere Geltung des bodenständigen Bauern ist dadurch erschüttert und mehr noch seine innere. Die rohen Lebensformen, die plumpe Moral, die gemacht war für den bodenständigen Menschen, verliert ihren Sinn für den leicht beweglichen Menschen der großen Städte von heute. Wie einem Soldaten von heute der schwere Eisenpanzer vergangener Jahrhunderte ein Hindernis wäre, so ist Bodenständigkeit dem Typ, der heute schon für die Menschheit der wichtigere ist, ein Hindernis mehr als ein Vorteil. Dem Menschen unserer Zeit, dem Menschen der Maschine, der Industrie, des leichten Verkehrs, ist Wendigkeit, Unabhängigkeit vom Boden eine der wesentlichsten Tugenden. Überall ist heute der Nomade zum wichtigeren, lebensfähigeren Typ geworden als der in der Heimat verwurzelte Bauer.

Übrigens ist die Erschütterung des Begriffes der Heimat und der Scholle durchaus keine Errungenschaft der jüngsten Zeit. Vielmehr hat schon das aufgeklärte, kosmopolitische achtzehnte Jahrhundert sich sehr beflissen an die Zerstörung dieser Werte gemacht. Aus dem achtzehnten Jahrhundert stammt der Satz: »Ubi bene, ibi patria.« (Wo es mir gut geht, da ist mein Vaterland.) Der bedeutendste und brillanteste Denker, den das klassische Schrifttum der Deutschen hervorgebracht hat, Gotthold Ephraim Lessing, verstieg sich zu dem Satz: »Ich habe überhaupt von der Liebe des Vaterlandes keinen Begriff, und sie scheint mir aufs Höchste eine heroische Schwachheit, die ich recht gern entbehre.« Und etwa zur gleichen Zeit verkündete Voltaire: »Wünschen, dass das eigene Land groß sei, heißt wünschen, dass es dem Nachbarland schlecht geht. Moralisch sein kann nur der Weltbürger.« Und einer der Kollegen Voltaires, einer der Mitarbeiter der Enzyklopädie, gefragt, was Heimweh sei, erwiderte: »Heimweh? Soviel ich weiß, eine schweizerische Nationalkrankheit.«

Es beginnt somit gerade diejenige Anschauung, die bisher eine reine Erkenntnis des jüdischen Nationalismus am heftigsten behinderte, immer mehr an Bedeutung zu verlieren. Wendigkeit scheint heute vielen weit eher ein Vorteil als ein Nachteil. Die Welt ist auf dem Weg zu der Erkenntnis, dass die Begriffe Nation und Territorium nicht notwendig miteinander verbunden sein müssen.

XI.

Wie verhält sich nun der Nationalismus, den ich zu beschreiben versucht habe, zu jener jüdischen Bewegung, die vor jeder andern beansprucht, der reinste Ausdruck des Judentums zu sein: zum Zionismus?

Gewiss, jener Nationalismus, von dem ich sprach, ist kosmopolitisch. Dies schließt nicht aus, dass er den Zionismus bejaht. Aber das Zentrum des Zionismus, den er bejaht, ist nicht irgendein Regierungsgebäude, es ist die Universität von Jerusalem. Der wahre jüdische Nationalismus erlaubt zur Erreichung all seiner Ziele lediglich geistige Mittel; er will den Gegner nicht besiegen, er will überzeugen. Ja, der wahre jüdische Nationalismus träumt sogar von einer jüdischen Hegemonie, aber von einer Hegemonie lediglich im Geiste. Er träumt davon, Jerusalem könnte eines Tages für die Welt das werden, was die Gründer des Völkerbunds sich von Genf erträumten.

Der Zionismus ist sinnvoll, solange er durchtränkt bleibt von der stärksten Idee des Judentums, von der seiner messianischen Sendung. Und hier sind die großen Gefahren des Zionismus.

Bringt er die Selbstbeherrschung auf, die Geduld, die diese Mission verlangt?

Sehr oft sind einzelne Juden vor dem Problem gestanden, welchen Weg sie einschlagen sollten, den der Macht oder den des Geistes. Viele entschieden sich für die Macht, manche für den Geist, einige, sehr wenige, haben es vermocht, Macht und Geist zu vereinigen. »Macht verdummt«, erklärte Nietzsche, der große Ideologe der Macht. Ich habe versucht, in meinen Büchern »Jud Süß« und »Der jüdische Krieg« den Weg von Juden aufzuzeigen, die von der Macht zum Geist gingen, die den Weg fanden von Nietzsche zu Buddha, die Verknüpfung des heutigen Abendlands mit der uralten Weisheit des Ostens, den Weg von Simson zu Jesaja.

In der richtigen historischen Perspektive gesehen, steht heute eine große Klasse von Juden vor dem Problem, welchen Weg sie einschlagen soll. Die Versuchung ist groß, auf die Angriffe der Macht mit dem Willen der Macht zu erwidern. Nichts aber wäre sinnloser, als dem Faschismus der andern, sei er deutsch oder polnisch oder wie immer, einen jüdischen Faschismus entgegenzusetzen.

Gewiss, bis zum heutigen Tag sind Länder immer nur mit Gewalt erobert, Staaten nur mit Gewalt errichtet worden. Die frühere Bevölkerung wurde von den Eroberern zum Teil ausgerottet, zum Teil versklavt. Wir Juden, als wir Palästina das erste Mal eroberten, taten das Gleiche. Wir vernichteten und versklavten die Urbevölkerung und wohnten in Städten, die wir nicht gebaut hatten. Später haben wir sehr bittere Erfahrungen machen müssen, als die andern uns ausrotteten und uns versklavten und sich in die Städte setzten, die wir gebaut hatten. Heute stehen wir mitten in der dritten Eroberung von Palästina. Soll diese Eroberung erfolgen, soll sie Sinn haben, dann muss sie mit andern Mitteln durchgeführt werden als mit denen der Gewalt. Das Dritte Israel hat nichts gemein mit dem Dritten Italien, nichts mit dem Dritten Reich der Deutschen.

Bis jetzt ist es den Weißhäutigen ein einziges Mal geglückt, ohne Anwendung von Gewalt einen geistigen Nationalismus aufzurichten. Den Griechen ist es geglückt. Politisch besiegt, eroberten sie die Welt durch ihre Kultur und blieben fünfhundert Jahre lang ihre Herren. Die Aufgabe des Dritten Reiches Israel scheint mir eine ähnliche. Sie kann nur ohne Gewalt gelöst werden.

Denn dies ist das Einzigartige des wahren jüdischen Nationalismus: sein Sinn ist, sich selber zu überwinden. Im Gegensatz zu jedem andern Nationalismus strebt er danach, nicht sich zu konsolidieren, sondern sich aufzulösen.

Ein auf solche Art sublimierter Zionismus entspricht der Grundidee des Judentums, der messianischen, entspricht

Spinozas Konzeption von Gott, den seine Gegner als ein Gas verhöhnten. Das Ziel des wahren jüdischen Nationalismus ist die Durchdringung der Materie mit Geist. Er ist kosmopolitisch, dieser wahre jüdische Nationalismus, er ist messianisch.

All sein Streben ist, sich aufzulösen in einer geeinten Welt. Sich aufzulösen wie Salz im Wasser, das, gelöst, unsichtbar, dennoch allgegenwärtig bleibt und ewig.

2

Schicksalsjahr 1933

Früh hatte Lion Feuchtwanger den Hass der Nationalsozialisten auf sich gezogen, zunächst durch seinen Roman »Erfolg« (1930), dann durch zahlreiche Interviews und Zeitungsartikel, nicht zuletzt während seiner Amerika-Tournee 1932/33. Er wurde zum begehrten Gesprächspartner, als während seines Aufenthaltes Hitler am 30. Januar 1933 zum Reichskanzler ernannt wurde. Er kehrte nie wieder nach Deutschland zurück.

Bei der Anschaffung einer neuen Schreibmaschine am 24. März 1933, nun schon in der Schweiz, konstatierte er in seinem Tagebuch nüchtern: »Eine neue Schreibmaschine gekauft. Neues Leben.« Am 10. Mai 1933 brannten seine Bücher auf dem Berliner Opernplatz, im August gehörte er zu den ersten 33 Personen, die vom nationalsozialistischen Regime ausgebürgert wurden. Er war 49 Jahre alt, auf der Höhe seines Erfolges und musste sich auf ganz neue Bedingungen einstellen. Regelmäßig reiste er aus dem Exil in Südfrankreich nach Paris und London, um mit Verlegern und Filmgesellschaften zu verhandeln und Vorträge zu halten. Er stürzte sich in die Arbeit.

Nach dem Originaltyposkript des unter der Überschrift »Das ›Dritte Reich‹ bedeutet: Ausrottung der Wissenschaft, der Kunst und des Geistes« erschienenen Artikels, in »Welt am Abend« vom 21. Januar 1931.
Hinzugefügt wurde die redaktionelle Bemerkung: »Der bekannte Schriftsteller Lion Feuchtwanger, dessen Werke besonders in England und Amerika große Verbreitung gefunden haben, schickt uns auf die Frage: Was haben die Intellektuellen vom ›Dritten Reich‹ zu erwarten? folgende eindeutige Antwort, die größter Beachtung wert ist.«

Das „Dritte Reich" bedeutet:

Ausrottung der Wissenschaft, der Kunst und des Geistes

von Lion Feuchtwanger

Der bekannte Schriftsteller Lion Feuchtwanger, dessen Werke besonders in England und Amerika große Verbreitung gefunden haben, schickt uns auf die Frage: Was haben die Intellektuellen vom „Dritten Reich" zu erwarten? folgende eindeutige Antwort, die größter Beachtung wert ist.

Der Krieg hat die barbarischen Instinkte des einzelnen und der Gesamtheit gelöst in einem Maße, das vorher unvorstellbar war. Der Nationalsozialismus hat diese Barbarei kunstgerecht organisiert. Er heißt bei den Intellektuellen OBD = Organisierte Barbarei Deutschlands.

Seinem Wesen und seiner Ideologie nach antilogisch, antigeistig will der Nationalsozialismus die Vernunft absetzen und preist an ihrer Stelle das Gefühl, den Trieb, eben das Barbarische. Schon dadurch, daß Geist und Kunst übernational sind, sind sie dem Nationalismus im tiefsten verdächtig und verhaßt. Entehrung des Geistes und der Kunst ist einer seiner wichtigsten Programmpunkte, und da von den Zielen, die er verkündet, diese Aufgabe am gefahrlosesten durchzusetzen ist, hat er hier seine stärksten Erfolge.

Wo der Nationalsozialismus zur Macht gelangte, hat er sich mit besonderem Fanatismus gegen alles Geistige und alles Künstlerische gewandt.

So gut wie kampflos hat das liberale Bürgertum alle kulturellen Positionen vor ihm geräumt. Abgesehen von ein paar Arbeiterbühnen wagt kein Kino und Theater mehr ein Stück zu spielen, das den Nationalsozialisten nicht genehm ist; Schriftsteller, die eine Haltung einnehmen, die der OBD nicht paßt (und das sind mit einer einzigen Ausnahme alle deutschen Schriftsteller von Rang) werden mit Drohbriefen überhäuft. Seit einem Jahrhundert war der Geist in Deutschland nicht so unfrei wie heute.

Was also die Intellektuellen und Künstler zu erwarten haben, wenn erst das Dritte Reich sichtbar errichtet wird, ist klar: **Ausrottung.** Das erwarten denn auch die meisten, und wer irgend unter den Geistigen es ermöglichen kann, bereitet heute seine Auswanderung vor. Man hat, wenn man unter den Intellektuellen Berlins herumgeht, den Eindruck, Berlin sei eine Stadt von lauter zukünftigen Emigranten.

Es ist also ein Gebot nackter Selbsterhaltung für alle Geistigen, mit ganzer Seele und ganzem Vermögen gegen das Dritte Reich zu kämpfen. Solange es in Deutschland noch einen Winkel gibt, wo Vernunft den Mund auftun darf, wollen wir es unmißverständlich aussprechen und in die Schädel hämmern:

Das Dritte Reich bedeutet Ausrottung der Wissenschaft, der Kunst, des Geistes.

Was haben die deutschen Intellektuellen vom Dritten Reich zu erwarten?

(1931)

Der Krieg hat die barbarischen Instinkte des Einzelnen und der Gesamtheit gelöst in einem Maße, das vorher unvorstellbar war. Der Nationalsozialismus hat diese Barbarei kunstgerecht organisiert. Er heißt bei den Intellektuellen OBD = Organisierte Barbarei Deutschlands.

Seinem Wesen und seiner Ideologie nach antilogisch, antigeistig, will der Nationalsozialismus die Vernunft absetzen und preist an ihrer Stelle das Gefühl, den Trieb, eben das Barbarische. Schon dadurch, dass Geist und Kunst übernational sind, sind sie dem Nationalismus im Tiefsten verdächtig und verhasst. Knebelung des Geistes und der Kunst ist einer seiner wichtigsten Programmpunkte, und da von den Zielen, die er verkündet, diese Aufgabe am gefahrlosesten durchzusetzen ist, hat er hier seine stärksten Erfolge. Wo der Nationalsozialismus zur Macht gelangte, hat er sich mit besonderem Fanatismus gegen alles Geistige und alles Künstlerische gewandt. So gut wie kampflos hat das liberale Bürgertum alle kulturellen Positionen vor ihm geräumt. Abgesehen von ein paar Arbeiterbühnen wagt kein Kino und Theater mehr ein Stück zu spielen, das den Nationalsozialisten nicht genehm ist; Schriftsteller, die eine Haltung einnehmen, die der OBD nicht passt (und das sind mit einer einzigen Ausnahme alle deutschen Schriftsteller von Rang), werden mit Drohbriefen überhäuft. Seit einem Jahrhundert war der Geist in Deutschland nicht so unfrei wie heute.

Was also die Intellektuellen und Künstler zu erwarten haben, wenn erst das Dritte Reich sichtbar erreicht wird, ist klar: Ausrottung. Das erwarten denn auch die meisten, und wer irgend unter den Geistigen es ermöglichen kann, bereitet heute seine Auswanderung vor. Man hat, wenn man unter den Intellektuellen Berlins herumgeht, den Eindruck, Berlin sei eine Stadt von lauter zukünftigen Emigranten.

Es ist also ein Gebot nackter Selbsterhaltung für alle Geistigen, mit ganzer Seele und ganzem Vermögen gegen das Dritte Reich zu kämpfen. Solange es in Deutschland noch einen Winkel gibt, wo Vernunft den Mund auftun darf, wollen wir es unmissverständlich aussprechen und in die Schädel hämmern: das Dritte Reich bedeutet Ausrottung der Wissenschaft, der Kunst, des Geistes.

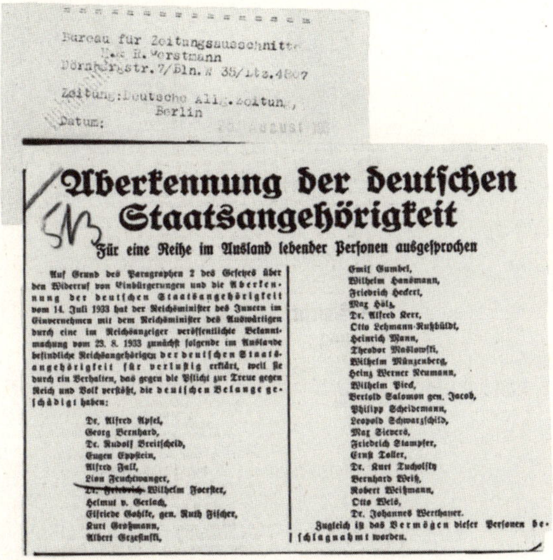

Bureau für Zeitungsausschnitte
Max H. Werstmann
Dörnbergstr. 7/Bln. W 35/Ltz. 4807

Zeitung: Deutsche Allg. Zeitung,
Berlin
Datum: 28. August 1933

Aberkennung der deutschen Staatsangehörigkeit

Für eine Reihe im Ausland lebender Personen ausgesprochen

Auf Grund des Paragraphen 2 des Gesetzes über den Widerruf von Einbürgerungen und die Aberkennung der deutschen Staatsangehörigkeit vom 14. Juli 1933 hat der Reichsminister des Innern im Einvernehmen mit dem Reichsminister des Auswärtigen durch eine im Reichsanzeiger veröffentlichte Bekanntmachung vom 23. 8. 1933 zunächst folgende im Auslande befindliche Reichsangehörigen der deutschen Staatsangehörigkeit für verlustig erklärt, weil sie durch ein Verhalten, das gegen die Pflicht zur Treue gegen Reich und Volk verstößt, die deutschen Belange geschädigt haben:

Dr. Alfred Apfel,
Georg Bernhard,
Dr. Rudolf Breitscheid,
Eugen Eppstein,
Alfred Falk,
Lion Feuchtwanger,
~~Dr. Friedrich~~ Wilhelm Foerster,
Helmut v. Gerlach,
Elfriede Gohlke, gen. Ruth Fischer,
Kurt Großmann,
Albert Grzesinski,
Emil Gumbel,
Wilhelm Hansmann,
Friedrich Heckert,
Max Hölz,
Dr. Alfred Kerr,
Otto Lehmann-Rußbüldt,
Heinrich Mann,
Theodor Maslowski,
Wilhelm Münzenberg,
Heinz Werner Neumann,
Wilhelm Pieck,
Berthold Salomon gen. Jacob,
Philipp Scheidemann,
Leopold Schwarzschild,
Max Sievers,
Friedrich Stampfer,
Ernst Toller,
Dr. Kurt Tucholsky,
Bernhard Weiß,
Robert Weißmann,
Otto Wels,
Dr. Johannes Werthauer.

Zugleich ist das Vermögen dieser Personen beschlagnahmt worden.

Aberkennung der deutschen Staatsangehörigkeit, darunter auch der Name Lion Feuchtwanger, 28. August 1933.

Deutsche Originalfassung des in London unter der Überschrift »I Warn the Jew-Baiters« erschienenen Artikels, in »The Evening Standard« vom 22. März 1933.

Wednesday, March 22, 1933 THE EVENING STANDARD Lighting-up time to-morrow 6.46 Page 7

I WARN THE JEW-BAITERS

By Dr. LION FEUCHTWANGER

LION FEUCHTWANGER, author of "Jew Suss," and himself a Jew, alleges that pogroms unmatched since the 14th century are taking place in Germany.

He tells of atrocities inflicted not only on Jews but also on Catholics and Socialists, which may cause terrible civil war. He gives his own explanation of the Nazis' motive in raiding his Berlin house and confiscating his manuscripts.

The "Evening Standard," while remaining impartial, publishes Dr. Feuchtwanger's article as the pronouncement of a distinguished author on a subject of world importance.

JUST before I left America, shortly before the German elections were held, I declared to anxious friends that any idea of pogroms in Germany was unthinkable. Hindenburg's name and the solid foundations of German culture were pledges against any such occurrences.

During the journey across the Atlantic we received on board the ship day by day disturbing wireless reports about acts of violence against Jews, violations of their rights, assaults, robberies and killings.

I could not believe these reports.

It is true that I had with me the book written by the Imperial Chancellor, and I read with a troubled mind the pages in which he prophesied in wild and violent language the vengeance which would strike his political antagonists. I noticed, with deep anxiety, the profound satisfaction with which the Chancellor explained how his supporters would beat up his opponents.

At the same time, I said to myself that Hitler the Chancellor would surely be far removed from Hitler the agitator; that the tone of Hitler the Chancellor is so much more circumspect than the tone of Hitler the beater of the big drum that the spirit of responsibility attaching to the highest official post in the Reich will surely prevent him from putting his fantastic ideas into practice.

When I arrived in Europe it was my intention to travel direct to Berlin. I met the first refugees from Germany in Paris. The stories they related were dreadful. They told things compared with which the [illegible]

not anticipated, even by Herr Goering. I am not talking of such incidents as the driving of Jewish doctors out of the clinics by Government order, of the fact that Jewish lawyers and judges are not allowed to carry out their duties, that a large number of S.A. men have been driving about in motorcars taken away from Jews on the ground that it was provocative for Jews to drive in cars.

It is far worse to think that we shall never know how many people have been killed in these days simply because they looked like Jews or bore Jewish names, or how many have been shot "while trying to escape."

We shall never know to what ill-treatment Jewish prisoners have been subjected. There are trustworthy people who report on these incredible abominations; but other facts, too, point to the reliability of their reports.

Bold gentlemen like the present Minister feel moved to advise moderation. Men of the Red Cross are not allowed to attend the people who have been ill-treated, and information about many of those who have disappeared is refused. It is even officially admitted that the Bavarian Minister, Herr Stuetzel, who enjoys the highest regard of the majority of the population, was thrashed by S.A. men. It is not contradicted that S.A. men, in a spirit of levity, "rubbed down," as the saying goes, a large number of Jews, who will probably never get over it for the rest of their lives.

I am afraid that, taking it all in all, the people who say that Germany has never seen such a measure of barbarism since the Thirty Years' War are right.

Compared with the outrages which have been committed, what has [illegible]

DR. FEUCHTWANGER.

be glossed over by being called house searches. The year 1933 is the darkest year in the last five centuries of the history of German culture and German Jewry. The powers behind National Socialism, namely, feudalism and militarism, have in their difficulty unchained the bestiality of the masses in order to save themselves, and are now clearly frightened of the consequences.

Attempts at calming the situation are now no longer any good. It is to be hoped that they will have the courage not only to beg for discipline, but also to restore it, otherwise I foresee immense dangers for Germany and the world.

The political and cultural leaders of the Left and the Centre, who represent the majority of the population, have been driven out of the country. Those who remain have been imprisoned, tortured and killed. The tormented population, robbed of the leaders who could counsel wisdom, may attempt to avenge itself.

I greatly hope that the Government may succeed in calling a halt before the ill-treatment, torture and slaughter of thousands of Socialists, Catholics and Jews should lead to a civil war such as the world has never yet seen.

Berne. LION FEUCHTWANGER.

Pogrome
(1933)

Unmittelbar bevor ich, kurz vor den deutschen Wahlen, Amerika verließ, sagte ich ängstlichen Freunden, Pogrome seien in Deutschland undenkbar, der Name Hindenburgs, die Solidität der deutschen Kultur bürge dafür. Während der Überfahrt auf dem Schiff kamen von Tag zu Tag mehr beunruhigende Radio-Nachrichten über Gewaltakte gegen Juden, Entrechtung, Misshandlung, Beraubung, Totschlag. Ich konnte diese Nachrichten nicht glauben. Zwar hatte ich das Buch des Herrn Reichskanzlers mit mir, und ich las mit Besorgnis die Seiten, auf denen er sich in wilden und gewalttätigen Fantasien ergeht über die Rache, die den innerpolitischen Gegner einst treffen wird, und ich ersah mit tiefem Unbehagen das innige Vergnügen, mit dem der Herr Reichskanzler schildert, wie seine Parteigenossen ihren Gegner verprügelten. Aber ich sagte mir, Hitler, der Reichskanzler, wird sicherlich weit abrücken von Hitler, dem Agitator. Der Ton, den Hitler, der Reichskanzler, angeschlagen hat, ist so viel vorsichtiger als der Ton Hitlers, des Trommlers, dass einfach das Verantwortungsgefühl des höchsten Reichsbeamten ihn davon abhalten wird, seine Fantasien in die Tat umzusetzen.

In Europa angekommen, wollte ich direkt nach Berlin fahren. In Paris traf ich die ersten Flüchtlinge aus Deutschland. Was sie erzählten, klang scheußlich, es waren Dinge, vor denen die Gräuelberichte des Krieges verblassten: ich konnte ihre Mitteilungen nicht glauben. Aber es waren ruhige Leute, skeptische Leute, keineswegs Radikale, es waren Demokraten, Mitglieder der katholischen Mittelparteien, Pazifisten, die ihr Leben lang zu vermitteln versucht hatten, die alle Übertreibungen hassten. Sie hatten mit eigenen Augen gesehen, wie man Leute aus fahrenden Untergrundbahnen zu werfen versuchte, bloß weil sie jüdisch aussahen, sie hatten gesehen, wie man Leute aus Autos herausriss und sie verprügelte, auch Frauen und Halbwüchsige, bloß weil sie wie Juden aussahen. Sie hatten die verzweifelten Berichte von Frauen gehört, deren Männer man aus den Betten heraus verhaftete und unmenschlich verprügelte und von denen man hernach nichts mehr hörte und sah, zu denen keine Frau, kein Sohn, kein Anwalt gelassen wurde, die verschwunden waren, von SA-Leuten geholt, verschwunden bis heute, niemand weiß wohin. Wo zum Beispiel, fragen diese Leute, ist der jüdische frühere Vize-Polizeipräsident von Berlin, Bernhard Weiß? Wohin hat man den kleinen Sohn der Jüdin Ruth Friedländer verschleppt? Tag für Tag findet man Leichen, die bis zur Unkenntlichkeit verstümmelt und nicht zu identifizieren sind. Jeder Jude in Deutschland, sagten sie, muss heute gewärtig sein, dass er auf der Straße misshandelt wird, dass er aus dem Bett heraus verhaftet wird, dass sein Hab und Gut zerstört wird und dass Beschwerden mit dem Achselzucken des Herrn Ministers Göring abgetan werden. »Wo gehobelt wird, fallen Späne.«

Was ist faktisch in Deutschland geschehen? Man hat 600 000 sehr junge Menschen, denen man jede Eigenschaft nachsagen kann, nur nicht Mäßigung, mit allen Mitteln gegen die Arbeiter und die Juden aufgepeitscht, hat sie dann mit Waffen versehen und ihnen Vollmachten gegeben, wie sie in dem Polizeistaat Deutschland ein Polizist niemals vorher besaß. So ausgestattet, hat man diese 600 000 Menschen auf die Bevölkerung losgelassen, man hat ihrer Willkür das Leben und Eigentum des größeren Teils der Bevölkerung unterstellt. Man musste damit rechnen, dass persönliche Rachegefühle, dass Eigennutz und Sadismus des Einzelnen sich austoben werden. Wahrscheinlich hat man damit gerechnet. Das oben erwähnte berüchtigte Achselzucken Herrn Görings legt diese Auffassung nahe. Aber dass die 600 000 so weit gehen würden, wie sie faktisch gingen, damit hat wohl auch Herr Göring kaum gerechnet. Ich rede nicht davon, dass man jüdische Ärzte durch Erlass aus ihren Kliniken herausschmeißen will, dass man jüdische Anwälte und Richter nicht amtieren lässt, dass eine große Anzahl SA-Leute in Autos herumfahren, die man Juden abgenommen hat mit der Begründung, es sei provozierend, wenn Juden Auto fahren. Schlimmer ist, dass man niemals erfahren wird, wie viele Menschen in diesen Tagen totgeschlagen wurden, bloß weil sie jüdisch ausschauten oder jüdische Namen trugen, wie viele »auf der Flucht« erschossen wurden, dass man niemals erfahren wird, welchen Misshandlungen die jüdischen Gefangenen ausgesetzt waren.

Es sind glaubwürdige Leute, die von diesen unglaubwürdigen Scheußlichkeiten berichten. Auch sonst spricht leider manches für die Glaubwürdigkeit ihrer Berichte. So robuste Herren zum Beispiel wie die jetzigen Minister sehen sich veranlasst, wieder und wieder zur Mäßigung zu mahnen. Vertrauensleute des Roten Kreuzes werden nicht zu den Misshandelten gelassen. Über viele Verschwundene wird die Auskunft verweigert. Es wird amtlich zugegeben, dass selbst der rechtsstehende bayrische Minister Stützel, der die höchste Achtung des Großteils der Bevölkerung besitzt, von SA-Leuten ausgepeitscht wurde. Es wird auch nicht abgestritten, dass die SA-Leute sehr vielen Juden, einfach weil sie Juden sind, spaßhafterweise eine, wie der technische Ausdruck lautet, »Abreibung« zuteilwerden ließen, von deren Folgen sich die Betroffenen kaum in ihrem Leben erholen werden. Ach, es werden leider, alles in allem, diejenigen schon recht haben, die erklären, dass Deutschland eine solche Fülle und ein solches Ausmaß von Barbarei wie heute seit dem 30-jährigen Krieg nicht mehr gesehen hat.

Vor den Gräueltaten, die geschehen sind, schrumpft das, was mich betroffen hat, zu einer Winzigkeit zusammen, und ich wundere mich, dass man angesichts der Fülle der Schrecknisse davon irgendein Aufheben macht. Gewiss, mein Haus in Berlin ist schön, ich liebe es, ich sehnte mich nach dem wilden Betrieb meiner amerikanischen Reise nach der Ruhe dieses Hauses. Aber ich war unvorsichtig gewesen. Ich hatte es zwar in Amerika strikt abgelehnt, über Hitler zu sprechen, und ich hatte ungewöhnlich hohe Honorare ausgeschlagen, die mir für Vorträge über Hitler geboten waren. Aber ich hatte, dringlich befragt, ein paar kurze Sätze über Herrn Hitlers literarischen Stil geäußert. Diese streng fachmännische Würdigung, die ich durch Zitate aus der Stillehre des deutschvölkischen Philologen Eduard Engel stützte, beantworteten Herrn Hitlers Leute damit, dass sie das Auto meiner Frau beschlagnahmten, mein Personal mit dem Revolver bedrohten und die Manuskripte, die mir ausländische Autoren zur Lektüre übersandt hatten, verschleppten oder vernichteten. Das Gleiche taten sie mit den Notizen und dem Manuskript meines neuen halbfertigen Romans, sodass die Arbeit eines Jahres für mich verloren ist. Da ihre Absicht, mich zu erschießen, an meiner Abwesenheit scheiterte, zerrissen sie außerdem unter unflätigen Beschimpfungen eine große Anzahl von Bildern zumeist ausländischer Persönlichkeiten, der Gattin des amerikanischen Präsidenten Roosevelt zum Beispiel.

Nun sind sicherlich zunächst die SA-Leute selber verantwortlich für alles, was sie getan haben. Es ist gewiss, dass Herr von Hindenburg keine Ahnung hat von den Scheußlichkeiten, die geschehen sind; wahrscheinlich hat auch Herr Hitler persönlich nichts direkt damit zu tun, kaum Herr Göring. Aber gerade das ist das Bedenkliche, dass die Regierung offenbar so gar keine Autorität mehr hat über ihre sogenannten Polizeiorgane, die SA-Leute. Das Unglück ist, dass diese SA-Leute die früheren wilden Reden Herrn Hitlers zu wörtlich genommen haben. Man hat ihnen versprochen, dass im Augenblick der nationalen Revolution das goldene Zeitalter beginnt, nun lassen sie sich nicht damit abspeisen, dass in vier Jahren etwas geschehen wird. Sie wollen die Köpfe, deren Rollen man ihnen in Aussicht gestellt hat, sie wollen die mit Leichen verzierten Laternenpfähle. Sie lassen sich die langversprochene Abrechnung nicht nehmen, sie wollen handeln, sie wollen jetzt handeln. Was dabei herauskommt, das sind Pogrome, wie sie Deutschland seit den Judenverfolgungen des 14. Jahrhunderts nicht mehr gesehen hat. Diese Pogrome werden nicht aus der Welt geschafft dadurch, dass man sie mit dem Namen Haussuchungen bezeichnet. Das Jahr 1933 ist seit fünfhundert Jahren das dunkelste in der Geschichte der deutschen Kultur und in der Geschichte der deutschen Juden.

Die Mächte, die hinter dem Nationalsozialismus stehen, Feudalismus und Militarismus, haben in ihrer Bedrängnis die Bestialität der Massen entfesselt, um sich zu retten. Es ist ihnen jetzt offenbar selber Angst vor den Folgen. Aber mit bloßen Beschwichtigungsversuchen ist es nicht mehr getan. Hoffentlich haben sie den Mut, um Disziplin nicht nur zu betteln, sondern sie faktisch herzustellen.

Wenn nicht, dann sehe ich ungeheure Gefahren heraufziehen für Deutschland und die Welt. Man hat die politischen und die kulturellen Führer der Linken und der Mitte, immer noch der Majorität der Bevölkerung, außer Landes getrieben, eingekerkert, gefoltert, erschlagen. Es besteht Gefahr, dass die drangsalierte Bevölkerung, da sie der Führer, die zur Besonnenheit raten können, beraubt ist, versucht, sich ihrerseits zu rächen.

Ich hoffe dringend, dass es der Regierung gelingt zu bremsen, ehe aus Misshandlung, Folterung und der Hinschlachtung von Tausenden von Sozialisten, Katholiken und Juden ein Bürgerkrieg entsteht, wie ihn die Welt noch nicht erlebt hat.

2 SAN FRANCISCO C

Spanish Revolt Quelled as T

Guards Seize Abandoned Munitions

Six-Fingered Leader of Uprising Killed in Stronghold at Casa Viejas

MADRID, Jan. 13 (AP)—The country, which has witnessed a series of extremist outbreaks during the last few days, was reported quiet today except in the Casa Viejas and the Medina and Sidonia regions, where guards were scouring the hills in search of scattered bands of extremists.

The troops were not encountering much resistance and were finding considerable quantities of abandoned arms.

COMMUNICATIONS CUT

Communications were difficult because of the cutting of telephone and telegraph lines, especially in the Cadiz region.

The Barcelona, Seville and Valencia regions reported that all was quiet at this time with the exception of minor strikes in some places and other unimportant disturbances.

Sixteen extremists killed in fighting yesterday have been identified. One of them was a woman.

GUARD BATTLES REBELS

A civil guard motor patrol on the Casa Viejas highway engaged in a long gun fight yesterday with rebels hidden in the hills. The guards retired when their ammunition was exhausted.

At Casa Viejas, a stronghold of the extremists destroyed by police yesterday, fire was still burning and it had not been possible this afternoon to take out all the bodies of those who were killed.

Among them, it was said, was "the man with six fingers," a leader of the extremist movement; his 20-year-old daughter, who reloaded guns for the defenders when the police were attacking; her husband, and perhaps half a dozen others.

Wine Included In Beer Bill

Alcoholic Content of Beverages Cut

(Continued From Page 1)

Senator Blaine, Wisconsin Repub-

Hitler Branded Stupid, Acting Great Man Role

Faced With Real Problems He Would Fail, Berlin Visitor Here Says

By CAROLYN ANSPACHER

"Adolf Hitler, the idol of the German masses, is a colossal nonentity. A fool and a mediocre actor, whose knowledge of mass psychology has saved him from complete oblivion."

This word picture of the popular German leader was drawn by Dr. Lion Feuchtwanger, one of Germany's outstanding writers, who arrived here yesterday.

DR. LION FEUCHTWANGER

"Basically a stupid man, the leader of the German Nationalist party has the aims of an actor, performing roles that please him emotionally," said Dr. Feuchtwanger.

"Faced with the problems of living rather than acting a role, Hitler would be an utter failure. He fancies himself in the role of a great man, but actually his power is vastly overrated.

AGITATOR, NOT LEADER

"Hitler is an agitator, not a leader. He is an orator whose public speaking ability has won him a certain following, but take the masses away from the sound of his voice and the man would fall to greater depths than those heights to which he has apparently risen."

The author of such searching books as "The Ugly Duchess," "Success" and "Josephus," Dr. Feuchtwanger is a gentle little man, amiably near-sighted, whose love of his fellow men is only equaled by his uncanny awareness of their faults and immediate difficulties.

CONDITIONS GROW WORSE

The condition of the Jew in Germany is daily becoming more of a problem, said Dr. Feuchtwanger, whose book, "Power," was written to counteract anti-Semitic propaganda in his native land.

"In a country of 65,000,000 people there are but 500,000 Jews, 200,000 living in Berlin," he said. "Each day 15,000,000 anti-Semitic pamph- Jew has no chance in Germany, and I see no hope of bettering his condition."

America, Dr. Feuchtwanger sees as a country of "vast emptiness," to which the depression has come as an outright blessing.

ADOLF HITLER

"I look with pessimism upon the external aspects of the depression in America, and with high optimism upon its internal aspects. I believe that America will grow spiritually under this calamity, and that the great physical and spiritual emptiness which is so apparent to the newcomer will be used to the country's betterment rather than to her detriment."

NEW IDEALS TO HELP

America's self-sufficiency has been in part responsible for her downfall, said Dr. Feuchtwanger, who believes that the infusion of new European ideas and ideals will aid in our recovery. On the other hand, Europe has gained much from America. American literature has greatly influenced European life.

"Writers like Hemmingway, Dos Passos, Hergesheimer, even more so than Sinclair Lewis and Upton Sinclair, have turned European cities into external imitations of American cities," said Dr. Feuchtwanger.

BERLIN AMERICANIZED

"Berlin, for example, is almost completely Americanized, standardized. Your writers, with their pastel kaleidoscopic methods of presenting American life in European terms, have influenced us greatly, whether for better or worse is yet to be seen."

Dr. Feuchtwanger is here to deliver a lecture Monday night at Native Sons' Auditorium, 414 Mason street, under the auspices of the San Francisco Forum. He was greeted upon his arrival yesterday

Japanes New C Jeho

Chinese Re Yunganp Brief

(Continued F

driven in hasty were received at t tary base here th stronghold of th mander, Cheng K

SHUT OFF RED

The move wa strengthen the Jap shut off Chinese t from possible reinf south of the Great

Meanwhile Japane north and east of movements in the Tungliao. Freezing hampering activities

FACE 130,000

Japanese estimat 130,000 Chinese tr About 10,000—got passes at Chiumenk under orders of N Hsiao-liang, before closed that pass. A the Chinese force i was under Tang Yu- special administrativ province set up by th

Stiff Chinese resis dicted for a Japar vancing toward Ling miles north of the the provincial capit

Chinese Deny Pea Negotiat

GENEVA, Switzerl —China informed Nations today that t in reports the Chin has appointed a neg a settlement with Ja flict over Shanhaikw

The Chinese positi to the League, by D China's League dele

The Rengo (Ja Agency reported peace terms had bee Japanese and Chine ficers meeting in t British naval officer tao, the Chinese po haikwan.

The Chinese offic in the conference, t respondent said, was ative of General Ho nese commander wh driven out of Shanh Japanese.

Feuchtwanger ist nicht wörtlich zu nehmen, wenn er hier meint, er habe es »in Amerika strikt abgelehnt, über Hitler zu sprechen«. Die amerikanische Schauspielerin und Journalistin Carolyn Anspacher zitiert Feuchtwanger im »San Francisco Chronicle« vom 14. Januar 1933 mit folgenden Worten: »Adolf Hitler, das Idol der deutschen Massen, ist ein kolossales Nichts. Ein Idiot und mittelmäßiger Schauspieler, dessen Kenntnisse der Massenpsychologie ihn vor dem völligen Vergessen bewahrt haben.«

Vermutlich die am 20. Dezember 1933 in London gehaltene Rede vor »großartigem Society Publikum«, wie Feuchtwanger in seinem Tagebuch kommentiert. – »Ungeheurer Beifall.«

Sanary-sur-Mer, 1933.

Deutsche Juden

(1933)

Man hat mich aufgefordert, Ladys, zu Ihnen im Namen der Deutschen Juden zu sprechen. Das ist eine sehr schwierige Aufgabe; denn die Haltung der Deutschen Juden vor dem Unglück, das über sie hereinbrach, ist leider keineswegs einheitlich. Die Juden, die in Deutschland geblieben sind, oder doch zumindest sehr viele von ihnen, müssen, wollen sie nicht untergehen oder verrückt werden, die Augen schließen vor dem, was um sie geschieht. Und so genau sie wissen – denn sie haben es ja miterlebt –, dass hunderte von Juden getötet, eingesperrt, misshandelt, auf grauenhafte Art erniedrigt wurden und dass das Bestreben der Regierung dahin geht, die Deutschen Juden auszurotten: die davon am meisten betroffenen wollen es nicht wahrhaben. Es ist seltsam und ergreifend, ich habe das an zahllosen Beispielen gesehen, wie schnell und wie regelmäßig die Anschauungen von Deutschen Juden sich ändern, sowie sie erst die deutsche Grenze hinter sich haben. Plötzlich gehen ihnen die Augen auf, plötzlich sehen sie, was sie bisher nicht sehen wollten: dass nämlich die Juden in Deutschland verloren sind, dass man dort festentschlossen ist, sie auszutilgen, auch wenn man manchen von ihnen noch eine Gnadenfrist gibt.

Es ist nicht Deutschland, meine Damen, das seine Juden plötzlich mit so mittelalterlichem Hasse verfolgt. Es sind einzig und allein die Nationalsozialisten. Und auch da bedurfte es 14 Jahre der wüstesten Propaganda, ehe es den Agitatoren gelang, ihre Leute gegen die Juden aufzuputschen. Glauben Sie bitte nicht, dass das Volk wirklich hinter den Nationalsozialisten steht. Wäre es so, die Männer, die heute in Deutschland an der Herrschaft sind, hätten nicht solche Kämpfe nötig, sie hätten nicht die alberne Wahlkomödie nötig, die sie vor ein paar Wochen aufgeführt haben, um es zu beweisen. Man würde es dann nämlich sehen. So aber steht knapp der dritte Teil der Bevölkerung hinter der Regierung, und dieser dritte Teil vermindert sich mit dem steigenden Elend von Tag zu Tag.

Ist es also nur ein Teil der Bevölkerung, der den Juden Ausrottung geschworen hat, so ist dieser Teil umso fester entschlossen, sein Ziel zu erreichen. Sehr viele von den Juden innerhalb der deutschen Reichsgrenzen wollen diese Tatsache nicht in ihrer ganzen Tragweite sehen. Aber es ist nun einmal so, dass dieser Punkt, die Ausrottung der Juden, einer der wichtigsten Programmpunkte der Nazis ist und jedenfalls der einzige, den sie durchführen können. Sie haben ihn in den ersten Tagen ihrer Herrschaft im eigentlichen Wortsinn durchzuführen versucht, indem sie zahlreiche Juden totschlugen, zu Krüppeln misshandelten oder durch Misshandlungen körperlicher und seelischer Art zum Selbstmord trieben. Ich allein habe in diesen wenigen Monaten völkischer Herrschaft 7 gute Bekannte auf solche Art verloren, mehr als in einer entsprechend langen Zeit während des Krieges.

Nach den ersten wildesten Pogromen hat die ungeheure Entrüstung des Auslandes die Hitlerleute gezwungen, den direkten Totschlag von Juden einzustellen. Gesühnt freilich haben sie diese Mordtaten nicht, sodass diese stillschweigende Duldung auch zukünftige Gewalttaten gewissermaßen sanktioniert. Verzeihen Sie, meine Damen, dass ich Sie mit ein wenig Statistik behellige. Es sind jetzt 377 Fälle belegt, in denen Juden durch Totschlag oder durch Selbstmord infolge der Behandlung durch die Nazis umkamen. Die Sühnung für diese 377 Toten bestand in insgesamt 4 Tagen Haft für einen württembergischen SA-Mann. Zugegeben, die körperlichen Misshandlungen von Juden scheinen in der letzten Zeit etwas seltener geworden. Unter dem Druck der Empörung der gesitteten Welt haben die Nazis ihr Programm dahin abgeändert, dass sie nach einer sehr guten Definition die Juden nicht mehr umbringen, sondern sie nurmehr nicht leben lassen.

Was können, was sollen dieser Sachlage gegenüber die Juden der Welt tun? Hier, meine Damen, ist der Zwiespalt unter den Deutschen Juden, von dem ich Ihnen sprach. Viele dieser Deutschen Juden sagen: Schweigen, um Gottes willen Schweigen. Wir sind 500 000 Geiseln in der Hand der Nazis. Sowie etwas von außen gegen die Nazis unternommen wird, sowie nur etwas verlautete von dem, was den Deutschen Juden geschieht, dann gehen unsere Peiniger nur umso härter gegen uns vor. Also schweigen bitte, besänftigen.

Dieser Standpunkt, so mutlos er scheint, ist verständlich. Die weitaus meisten Juden, wenn sie es noch so gerne wollten, können nicht aus Deutschland entfliehen. Wollen sie fort, dann hält Deutschland ihr Vermögen zurück, und das Ausland sperrt vor den vollständig Mittellosen seine Grenzen. Es bleibt diesen Menschen, diesen Ärzten, Juristen,

Kaufleuten, die innerlich und äußerlich von Geburt an tief in Deutschland verwurzelt sind, nichts anderes übrig, als weiter zu vegetieren und zu bitten: Seid ihr im Ausland um Gottes willen still, dass man sich nicht an uns durch neue Pogrome rächt. Was soll ein Waffenloser tun, den hundert Räuber überfallen? Dem sie ihre Revolver an die Schläfe setzen und befehlen: Wiederhole hundertmal, du gäbest uns alles freiwillig, was wir dir nehmen, oder wir schießen dich tot. Klar, dass ein Mann in solcher Lage sich fügt, dass er »Ja, Ja« sagt.

Wir aber, die wir nicht unmittelbar von dem Räuber bedroht sind, sollen wir schweigen? Ich glaube, ich weiß, ich bin überzeugt, es ist das Falscheste, was wir tun können. Es ist sinnlos, sich mit diesen Leuten verständigen zu wollen. Jeder Verständigungsversuch gilt diesen Leuten nur als Zeichen von Schwäche: die einzige Sprache, die sie verstehen, ist die der Gewalt.

Nun ist es gewiss richtig, dass jede Aktion ausländischer Juden den Deutschen Juden zunächst neue, noch größere Leiden auferlegt. Aber, so bitter das ist, wer den Deutschen Juden auf weitere Sicht helfen will, darf nicht davor zurückscheuen, zunächst ohne Rücksicht auf solche Opfer zu kämpfen. Es geht ja in diesem Kampf nicht allein um die Deutschen Juden, es geht um die Juden der ganzen Welt. Antisemitismus wirkt ansteckend. Schon findet das Beispiel, das die Nazis gaben, indem sie mit ihren billigen antisemitischen Parolen weite Massen gewannen, überall Nachahmung. Ein unfähiger Mensch, erzählt der Talmud, wollte unter allen Umständen ein großer Staatsmann werden, allein es gelang ihm nicht. Da rief er: Schlagt die Juden tot, und er wurde Konsul des römischen Imperiums.

Wenn ich, meine Damen, der Überzeugung bin, dass es Pflicht der Juden des Auslandes ist, ohne Rücksicht auf die Deutschen Juden den Kampf gegen die Nazis mit allen Mitteln zu führen, dann befürworte ich diesen Kampf nicht allein als Jude, sondern grade als Deutscher. Es wäre ein ungeheurer Irrtum, die Nazis mit Deutschland gleichzusetzen. Es ist vielmehr so, dass die weitaus größere Mehrheit der Deutschen brennend die Abschüttelung des Joches ersehnt, unter das Ungeist und Gewalt sie gebracht hat. Kampf gegen Hitler bedeutet nicht nur Kampf für die Juden der Welt, Kampf gegen Hitler bedeutet Kampf für Deutschland, Kampf für den Frieden der Welt, für die Zivilisation der Welt gegen die wilden Triebe und die Lebensformen des Urwalds, bedeutet Kampf für abendländische Gesittung gegen den Trieb. Es besteht, ich muss es noch einmal unterstreichen, keine Möglichkeit, sich mit Leuten zu verständigen, deren Lebensziel es ist, einen zu vernichten. Die Nationalsozialisten sind zur Macht gekommen, grade weil sie gegen jeden Verständigungswillen ankämpften. Es ist ein Irrtum, anzunehmen, irgendetwas habe sich verändert, weil heute Herr Hitler Friedensreden hält. Nicht der Friedensapostel Hitler kam zur Macht, sondern der Verfasser des Buches »Mein Kampf«. Nichts kann mehr dazu beitragen, die Macht der Nazis zu befestigen und von Tag zu Tag gefährlicher zu machen als der Versuch, sich mit ihnen zu verständigen. Sie schließen daraus nur, dass sie sich neue Dreistigkeiten leisten können und dass die Welt lieber jede Ohrfeige einsteckt, als dagegen aufzubegehren. Wenn Hitler sich 9 Monate halten konnte, wenn Deutschland heute noch unter ihm leidet, wenn er heute fester in der Macht zu sitzen scheint als zu Beginn, dann hat er das nicht irgendwelchen Leistungen oder Qualitäten zu verdanken, sondern einzig und allein jener Politik der Schwäche Europas, das jede Gewalttat von ihm hinnahm.

Ich betone, meine Damen, ich befürworte den Kampf gegen die Nazis als guter Deutscher. Ich zweifle, was ich mehr bin, Deutscher oder Jude. Meine Familie lebt seit Jahrhunderten in Deutschland, ich bin in Deutschland erzogen worden, in der geistigen Welt der großen Deutschen nicht weniger als in den Ideen der jüdischen Klassiker, ich denke in deutscher Sprache, ich lebe in jeder Hinsicht von deutscher Sprache, und wenn die Nazis mir mein Deutschtum abgesprochen haben, so sehen Sie eines: Meinen deutschen Akzent jedenfalls haben sie mir nicht nehmen können. Ja, meine Damen, grade als guter Deutscher befürworte ich den Kampf gegen die plumpen, geistfeindlichen Usurpatoren, die sich des Reichs bemächtigt, seine Kultur zerstört und die Anhänger der Zivilisation, die den größeren Teil der Bevölkerung bilden, versklavt haben.

Grade nun, weil ich diesen Kampf befürworte und weil ich weiß, dass dieser Kampf den Juden, die in Deutschland geblieben sind, neue, unsägliche Leiden auflegt, grade deshalb bitte ich Sie, alles zu tun, was den unschuldigen Opfern innerhalb der deutschen Grenzen zugutekommen kann. Herr Hitler hat zwar erklärt, er gäbe jedem Juden, der Deutschland verlässt, gerne 1000 Mark, aber es steht mit diesem Kanzlerwort wie mit den meisten anderen. In Wahrheit nimmt er jedem, den er herauslässt, wenn er ihn überhaupt herauslässt, sein Vermögen. Man macht den Juden auf der einen Seite das Leben in Deutschland unmöglich, zwingt sie auf der anderen Seite, wenn sie gehen, ihren Besitz in Deutschland zurückzulassen.

Es ist schwer fassbar, was es heute heißt, als Jude in Deutschland zu leben.

Man hat in Deutschland mein Vermögen konfisziert, man hat meine Sekretärin und meinen wissenschaftlichen Mitarbeiter aus dem Lande gejagt, meine Angestellten misshandelt, man hat meine Bibliothek zerstört oder verschleudert, man hat meine Manuskripte zerrissen, man hat das wissenschaftliche Material, das ich zum 2. Teil meines Romans »Josephus« gesammelt hatte, und das Manuskript zu diesem Roman zerfetzt und unbrauchbar gemacht und auf diese Art die Arbeit eines Jahres vernichtet, man hat die Manuskripte vernichtet, die englische und amerikanische Autoren mir zur Begutachtung geschickt hatten, man hat die schönen Möbel meines Hauses auseinandergerissen und verschleudert. Ich weiß nicht, wem mein Haus heute gehört, der politischen Polizei oder Hitlers Sturmtruppe oder den Finanzbehörden oder wem, ich weiß nur eines, dass es nicht mir gehört. Man hat mir die Staatsangehörigkeit abgesprochen, man hat mich im Rundfunk in vielen Erklärungen aufs Läppischste diffamiert, man hat die Bücher verbrannt, die ich geschrieben habe, man bestraft diejenigen, die Bücher von mir besitzen, man hat eine alte Lehrerin entlassen, die, nicht ahnend, dass das ein Verbrechen sei, geschrieben hat, dass mein Roman »Die hässliche Herzogin« ein gutes Buch sei, man hat selbst das harmlose Getier meines Gartens, Schildkröten und Ähnliches, umgebracht und die Blumenbeete dort niedergestampft. Ich muss ehrlich gestehen, ich vermisse die deutsche Luft, die deutsche Landschaft, die deutschen Menschen, die deutsche Sprache, die Ruhe meines Arbeitszimmers, die Bücher meiner Bibliothek, es ist hart für mich, ohne das alles zu arbeiten. Dennoch würde ich, gäbe man mir dies alles zurück und sicherte man mir Leben, Eigentum und Freiheit zu, nicht in dieses Deutschland zurückkehren können. Denn es ist für einen Menschen, dessen Herz noch nicht ganz vereist und verkrustet ist, ein unvorstellbarer Alpdruck, in diesem Lande zu leben, das man zu einer schauerlichen Mischung aus einer gigantischen Waffenfabrik, aus einem Zuchthaus und aus einem Kasernenhof gemacht hat.

Nun aber gibt es leider Hunderttausende, die gezwungen sind, dort zu leben, und leben ist nicht das richtige Wort, die gezwungen sind, dort zu vegetieren; denn wer dort ist, und sei er noch so stark, muss notwendigerweise verkommen. Er wird gezwungen, täglich, stündlich, sich auf jede nur denkbare Art zu erniedrigen. Vielleicht ist es das schlechte Gewissen der Regierung, vielleicht ist es einfacher Sadismus: auf alle Fälle haben sie eine besondere Freude daran, ihre Opfer immer wieder durch Misshandlungen, durch Drohungen mit dem Konzentrationslager oder im günstigsten Fall durch wirtschaftliche Vernichtung zu nötigen, freiwillig zu bezeugen, wie herrlich weit man es im Dritten Reich gebracht habe und dass die Peiniger strahlende Helden seien, man selber aber ein Schuft.

Ja, es ist ein schauerliches Vegetieren, das Leben, das die Juden in Deutschland leben, und durch den ständigen Zwang zur Lüge und Selbsterniedrigung müssen sie notwendig äußerlich und innerlich verkommen.

Nun können wir leider diejenigen nicht retten, die gezwungen sind, dieses Leben zu führen. Wir müssen uns leider darüber klar sein, Deutschland ist für die Juden vorläufig eine verlorene Position, so wie es für jeden guten Deutschen und für jeden guten Europäer vorläufig verlorener Besitz ist. Wir werden diesen Besitz zurückerkämpfen, ich weiß es bestimmt, die Vernunft siegt am Ende immer, die abendländische Zivilisation wird der Barbareninvasion in Deutschland Herr werden, so gewiss die Menschen der Bronzezeit über die Menschen der Steinzeit gesiegt haben. Aber vorläufig, wahrscheinlich auf lange Monate, vielleicht auf Jahre müssen wir uns damit abfinden, dass das schöne Land regiert wird von jener barbarischen Unterschicht, die sich dort teils mit Waffengewalt, teils mit primitiver Bauernschlauheit der Herrschaft bemächtigt hat.

Wenn wir aber Hunderttausende dort ihrem Schicksal überlassen müssen, können wir nicht wenigstens einige retten, diejenigen, die am hilflosesten sind und am meisten gefährdet und deren Rettung für die Zukunft das Wichtigste ist, ich meine die Kinder.

Ja, jenseits aller Fragen, welche Taktik dem Dritten Reich gegenüber die richtige ist, scheint mir die Rettung der Kinder aus der deutschen Hölle das dringlichste Problem. Die Damen, die Sie hierhergebeten haben, haben die Absicht, einige hundert Kinder und ihre Mütter aus dem Dritten Reich zu retten und sie in eine Umwelt zu verpflanzen, in der sie frei und unter gesunden Bedingungen heranwachsen können. Ein solches Unternehmen, besser als jede theoretische Erörterung, dient der Sache aller.

Ich habe Ihnen erzählt, meine Damen, welch sadistischen Quälereien an Leib und Seele die Juden im Dritten Reich ausgesetzt sind. Aber soweit diese Juden erwachsen sind, treffen diese Erniedrigungen Menschen, denen es beschieden war, unter günstigeren Umständen Körper und Geist zu festigen für die Zeiten der Bewährung. Zehnmal schlimmer als diese trifft und gefährdet die Barbarei des Dritten Reichs die bildsame Seele der Kinder. Auch ein von Natur sehr starker Geist muss verkrüppeln, wenn ihm in der empfänglichen Epoche der ersten Jugend das zugefügt wird, was das Dritte Reich an der Seele der jüdischen Kinder tut.

In zahlreichen deutschen Schulen müssen die jüdischen Kinder auf getrennten Bänken sitzen. Sie haben judenfeindliche Lieder zu singen und judenfeindliche Sprüche und Verse aufzusagen. In einigen Fällen mussten jüdische Kinder aufstehen, und es wurde ihnen in Gegenwart der versammelten Klasse vorgehalten, welche Schufte und Volksverräter ihre Väter seien. In vielen Schulen ist es den jüdischen Kindern verboten, am gemeinsamen Schwimmunterricht teilzunehmen, da die körperliche Berührung mit der minderwertigen Rasse die arischen Kinder unehrlich mache. In einer Schule wird an minderbemittelte Kinder Milch verteilt; ein jüdisches Kind hat sich mit einem leeren Topf mit in der Reihe aufgestellt. Sowie es an die Reihe kommt, wird ihm mit schallender Stimme gesagt: Du bist Jude, du bekommst nichts. Das Kind muss aber mit dem leeren Topf Tag für Tag wieder antreten, damit diese Demonstration stattfinden kann. In einer deutschen Großstadt besteht eine Verfügung, wonach für alle Kinder Gasschutzmasken anzuschaffen seien und Gasschutzübungen stattzufinden hätten – die jüdischen Kinder aber sind von diesen Schutzmaßregeln ausgeschlossen.

Ich appelliere nicht weiter an Ihr Mitleid, meine Damen. Ich bitte Sie, sich auszumalen, was aus Kindern werden soll, die auf solche Art erzogen werden. Wenn Sie von diesen Kindern hunderte retten, dann tun Sie eine Tat, für die nicht allein diese Kinder, für die nicht allein die Juden, für die einmal die ganze gesittete Welt Ihnen danken wird.

3

Als Exilant in Frankreich

Am 13. März 1938 hörte Lion Feuchtwanger im Radio vom »Anschluss« Österreichs an das nationalsozialistische Deutsche Reich. Anders als 1933, als es darum ging, Deutschland den Rücken zu kehren, tat er sich diesmal schwer mit der Frage, ob und wann er Frankreich verlassen solle. Trugen Marta und er zunächst den Warnsignalen Rechnung und beantragten Visa für Amerika, fasste Feuchtwanger am 14. August den folgenschweren Entschluss, das Frühjahr 1939 abzuwarten. Rückblickend versuchte er in seinen Erinnerungen »Der Teufel in Frankreich« zu ergründen, was ihn zum Bleiben bewogen habe: »Was mich hielt, war die innige Behaglichkeit des Lebens dort, die Schönheit des Ortes, mein wohleingerichtetes Haus, meine geliebte Bibliothek, der vertraute, in allem Kleinsten mir und meinen Methoden angepasste Rahmen meiner Arbeit, die hundert Einzelheiten des dortigen Daseins, die mir zu lieben, schwer missbaren Gewohnheiten geworden waren.«

Zuerst englisch veröffentlicht, dann deutsch im »Pariser Tageblatt«, 20. März 1935.

Das Haus der Feuchtwangers, Mahlerstraße 8, Berlin-Grunewald.

Offener Brief an den Bewohner meines Hauses Mahlerstraße 8 in Berlin

(1935)

Ich weiß nicht, wie Sie heißen, mein Herr, und auf welche Art Sie in den Besitz meines Hauses gelangt sind. Ich weiß nur, dass vor zwei Jahren die Polizei des Dritten Reiches mein gesamtes bewegliches und unbewegliches Vermögen beschlagnahmt und der Reichsaktiengesellschaft für Konfiskation des Vermögens politischer Gegner (Aufsichtsratsvorsitzender Minister Göring) überwiesen hat. Ich erfuhr das aus einem Schreiben der Hypothekengläubiger. Sie teilten mir erläuternd mit, die Rechtsprechung des Dritten Reichs verstehe, wenn es sich um das konfiszierte Vermögen politischer Gegner handle, unter »Vermögen« nur die Aktiva. Trotzdem also mein Haus und meine Bankkonten, die die Hypothek um ein Vielfaches überstiegen, konfisziert seien, sei ich verpflichtet, die Hypothekenzinsen genauso wie meine deutschen Steuern aus meinem im Ausland neu zu erwerbenden Vermögen weiter zu bezahlen. Sei dem wie immer, jedenfalls sitzen jetzt Sie, Herr X, in meinem Haus, und ich habe nach der Auffassung deutscher Richter die Zinsen zu zahlen.

Wie gefällt Ihnen mein Haus, Herr X? Lebt es sich angenehm darin? Hat der silbergraue Teppichbelag der oberen Räume bei der Plünderung durch die SA-Leute sehr gelitten? Mein Portier hat sich damals in diese oberen Räume geflüchtet, die Herren wollten sich, da ich in Amerika war, an ihm schadlos halten, der Teppichbelag ist sehr empfindlich, und Rot ist eine kräftige Farbe, die schwer herauszubringen ist. Auch der Gummibelag des Treppenhauses war nicht gerade für die Stiefel von SA-Leuten berechnet. Wenn er sehr gelitten hat, wenden Sie sich am besten an die Firma Baake; der Belag ist der gleiche wie auf den Treppen der »Europa« und »Bremen«, und diese Firma hat ihn geliefert.

Haben Sie begriffen, wozu ich die halbgedeckte Dachterrasse bauen ließ? Frau Feuchtwanger und ich, wir verwandten sie für unsere morgendliche Gymnastik. Achten Sie, bitte, darauf, dass die Dusche nicht einfriert.

Was fangen Sie wohl mit den beiden Räumen an, die meine Bibliothek enthielten? Bücher, habe ich mir sagen lassen, sind nicht sehr beliebt in dem Reich, in dem Sie leben, Herr X, und wer sich damit befasst, gerät leicht in Unannehmlichkeiten. Ich zum Beispiel habe das Buch Ihres »Führers« gelesen und harmlos konstatiert, dass seine 140 000 Worte 140 000 Verstöße gegen den deutschen Sprachgeist sind. Infolge dieser meiner Feststellung sitzen jetzt Sie in meinem Haus. Manchmal denke ich darüber nach, wofür man wohl im Dritten Reich die Büchergestelle verwenden könnte. Seien Sie vorsichtig, falls Sie sie herausreißen lassen, dass die Mauer nicht darunter leidet. Und hat man bei der Plünderung die Rundbank in der Fensterloggia der Bibliothek herausgerissen? Auf alle Fälle, Herr X, gibt es in dem Haus manches zu erneuern und wiederherzustellen. Darf ich Ihnen empfehlen, sich da an den Architekten Sobotka zu wenden? Es ist allerdings fraglich, ob dieser Herr seinen Beruf in Berlin ausüben darf; denn es gab dort nicht viele Architekten, die bauen konnten, aber viele Parteigenossen, die bauen wollten. Beschäftigen Sie, bitte, wenn Ihre Beziehungen Ihnen das erlauben, trotzdem keinen Parteigenossen, sondern einen Sachverständigen. Es wäre schade um das Haus.

Gern möchte ich wissen, was jetzt mit der Kreissäge in der Oberförsterei Grunewald los ist. Ihr Lärm hat mir manchmal die Freude an dem Haus verleidet, und nur mit großer Mühe konnte ich durchsetzen, dass man die Störung beseitigte. Heute freilich dürfte Lärm in Berlin kaum mehr als störend empfunden werden. Immerhin wäre es freundlich von Ihnen, wenn Sie meinen in heißem Kampf erstrittenen Sieg nicht ohne weiteres preisgäben.

Und was haben Sie mit dem Terrarium angefangen im Fenster der Längswand meines Arbeitszimmers? Hat man wirklich meine Schildkröten und meine Eidechsen totgeschlagen, weil ihr Besitzer »fremdrassig« war? Und haben die Blumenbeete und der Steingarten sehr gelitten, als die SA-Leute meinen krumm und lahm geschlagenen Portier schießend durch den Garten verfolgten, wie er sich in den Wald flüchtete?

Kommt es Ihnen nicht doch manchmal merkwürdig vor, dass Sie in meinem Hause sitzen? Ihr »Führer« gilt sonst nicht für einen Freund der jüdischen Literatur. Ist es da nicht erstaunlich, dass er sich so gern an das Alte Testament hält? Ich selber habe ihn mit viel Stimmaufwand zitieren hören: »Auge um Auge, Zahn um Zahn« (womit er wohl »Vermögenskonfiskation um literarische Kritik« meinte). Und jetzt hat er auch an Ihnen eine Verheißung des Alten

Testaments wahrgemacht, den Spruch: »Du sollst in Häusern wohnen, die du nicht gebaut hast.«

Lassen Sie mein Haus nicht verkommen, Herr X. Es zu bauen und einzurichten hat Frau Feuchtwanger und mir viel Mühe gemacht. Es zu bewirtschaften und zu erhalten macht nicht viel Mühe. Pflegen Sie es, bitte, ein bisschen. Ich sage das auch in Ihrem Interesse. Ihr »Führer« hat versprochen, dass seine Herrschaft tausend Jahre dauern wird: ich nehme also an, Sie werden bald in der Lage sein, sich mit mir über die Rückgabe des Hauses auseinanderzusetzen.

Mit vielen guten Wünschen für unser Haus

LION FEUCHTWANGER

PS

Finden Sie übrigens auch, dass meine These, Ihr Führer schreibe schlechtes Deutsch, dadurch widerlegt wird, dass Sie in meinem Hause sitzen?

Im Berliner Arbeitszimmer, um 1932.

Erstmals veröffentlicht im Januar 1936 in der »Weltbühne«, die nach dem Verbot in Nazideutschland damals in Prag, später in Paris erschien.

Für eine Weltaktion
(1936)

Immer wieder liest man von großen Protestkundgebungen gegen die deutsche Barbarei; einmal mindestens in jedem Vierteljahr melden Paris, London, New York eine solche Manifestation. Wahrscheinlich erfüllen diese Aktionen ihren Zweck, jeweils in der Stadt, in der sie vor sich gehen, die Empörung wachzuhalten. Außerhalb der Orte aber, in denen diese Kundgebungen stattfinden, erwecken sie kaum Widerhall. Die Welt ist dieser Aktionen müde geworden, sie hört nicht mehr auf sie, sie verpuffen. Die Gewalthaber des Dritten Reichs können sich in dem Glauben wiegen, man habe sich an ihre Taten gewöhnt, nehme sie hin.

Wenn aber die Stimme der Empörten nicht mehr zur Geltung kommt, dann liegt das daran, dass sie vereinzelt rufen, sodass die einzelne Stimme verhallt. Kann man nicht diese Stimmen einmal zu einem einzigen großen Schrei sammeln? Kann man nicht einmal durch eine große, gemeinsame Aktion der gesamten zivilisierten Welt dem Dritten Reich zeigen, dass diese Welt noch wach ist und nicht die Augen zumacht vor seiner Rohheit?

Es müssten an einem bestimmten Tag alle jene, die über die deutschen Geschehnisse Empörung, Scham, Ekel empfinden, diese ihre Empörung ausdrücken in einer einheitlichen, gewaltigen Manifestation, die nicht übersehen werden kann. Die Regierungen sind durch diplomatische Gepflogenheiten verhindert, ihren Widerwillen gegen die deutschen Gewalthaber Wort werden zu lassen. Wie wäre es, wenn Arbeiter, Katholiken, Juden, die Empörten der ganzen Welt sich vereinigten, um an einem bestimmten Tag, zu einer bestimmten Stunde zu zeigen, dass die Völker, die Massen der zivilisierten Erde nicht blind sind vor den Brutalitäten des Dritten Reichs. In kurzen, einprägsamen Thesen müsste formuliert werden, welche Gefahren die Existenz dieses Reiches für Frieden und Kultur bedeutet; Resolutionen, die dem Dritten Reich den Kampf ansagen, müssten in Tausenden von Massenversammlungen verkündet werden; alle Zeitungen, die noch für die Zivilisation kämpfen, müssten an diesem Tag ausschließlich dieser einen Sache zur Verfügung stehen; ein Generalstreik von fünf Minuten müsste auch dem Dickhäutigsten zeigen, dass die Gefahr des Dritten Reichs nicht vergessen ist.

Eine solche gemeinsame Aktion würde dem Dritten Reich vor Augen führen, wie gewaltig die Übermacht seiner Gegner ist; und diesen Gegnern, von denen manche zu Depressionen geneigt sind, wie stark sie sind, wenn sie zusammenhalten.

Man muss sehr laut schreien, um das Ohr der Welt zu haben. Das Dritte Reich schreit laut: sollen wir schweigen?

Antijüdische Propaganda in der »Jugend«, einer Münchner illustrierten Wochenschrift für Kunst und Leben, die 1940 eingestellt wurde; unter den genannten Exilanten auch: Lion Feuchtwanger.

Der Artikel erschien im Frühjahr 1936 englisch in »The Nation« und russisch in der Moskauer »Prawda«. Die hier wiedergegebene Fassung folgt grundsätzlich dem deutschen Originaltyposkript; die erste, stark beschädigte Seite ist nur mühsam zu entziffern, zwei unleserliche Stellen wurden mithilfe der Übersetzungen vervollständigt, kenntlich gemacht durch eckige Klammern.

Mit Heinrich Heine, der seine zweite Lebenshälfte im Pariser Exil verbrachte, hatte sich Lion Feuchtwanger bereits in München intensiv beschäftigt: Er promovierte 1907 über dessen Fragment »Der Rabbi von Bacherach«.

»Deutschland – ein Wintermärchen«
(1936)

1

Die satirische Verserzählung Heinrich von Heines, die diesen Titel trägt, ist eines der meistgelesenen Werke der Welt; viele Menschen, in vielen Sprachen, lesen dieses Buch, am tiefsten angerührt von seiner Aktualität. Gewiss, diese Aktualität ist verblüffend; zahllose von den funkelnden Versen Heines treffen auch die heutigen deutschen Zustände mitten ins Herz. Auch die Hälfte des Vorworts könnte ohne weiteres dem Buch eines unserer emigrierten deutschen Schriftsteller vorangesetzt sein.

Trotzdem drängt sich einem bei der Lektüre immer wieder der grimmige Gedanke auf: wie idyllisch war die Rohheit des damaligen Deutschlands, misst man sie an der heutigen. Was für feingebildete, charmante Unterdrücker waren die damaligen Machthaber, vergleicht man sie mit denen von heute, was für sanfte [Pantoffeln] trugen sie, vergleicht man sie mit dem Stiefelwerk, mit dem die Gewalten des Dritten Reiches die ihnen Missliebigen zu Tode trampeln. Die sozialen Verhältnisse jener Epoche erlaubten den herrschenden Reaktionären, dass sie noch gewisse [Formen wahrten], eine gewisse Fairness zeigten, Spielregeln beobachten konnten. Was für ein Ausbund von Geistigkeit und

Humanität scheint der Führer der Reaktion zur Zeit Heines, jener Mann Metternich, misst man ihn mit dem Mann, den die Generäle, die Großagrarier und die Schwerindustriellen von heute ihrem Deutschland zum Führer erklärt haben.

2

Wie anders zieht dieser deutsche Winter 1935/36 her als jener Winter 1843/44, von dessen Finsternis Heine in seinen großen Gedichten klagte. Wie angenehm schummernd war jene Finsternis, vergleicht man sie mit der Nacht, die über dem Dritten Reich liegt. Der Kampf der Klassen hat sich so verspitzt, dass die alten Gewalten die Masken fallen lassen mussten und sich nun zynisch ihrer Brutalität rühmen. Im heutigen Deutschland ist es aus mit den feinen Worten und den romantisierenden Vorstellungen. Oberste Gottheit ist die nackte Gewalt. Der Krieg ist nicht mehr eine ultima ratio, sondern Selbstzweck, die Brutalität wird um ihrer selbst willen gepriesen, das Leben ist nurmehr eine Vorbereitung zum Tod auf dem Schlachtfeld.

Mit den Machthabern jener Zeit konnte ein Heine reden, sie verstanden seine Sprache. Uns Heutigen bleibt nichts übrig, als uns angewidert abzuwenden von den Machthabern unseres Landes, diesen entgleisten, schlechtrassigen Kleinbürgern, die ihre kranken Triebe in einer Orgie wüster Gewalt austoben lassen. Fast bedauern wir die alten Führer unserer Reaktion, die Generäle, Großagrarier, Schwerindustriellen, die kein anderes Mittel sahen, ihre Privilegien zu retten, als die Berufung jener Verkommenen, die heute das Deutsche Reich repräsentieren. Wahrhaftig, auf diese heimlichen Drahtzieher des Dritten Reichs trifft der Satz Goethes zu: »Vor nichts fürchtet das Pack sich mehr als vor der Vernunft. Vor der Dummheit sollten sie sich fürchten, wenn sie wüssten, was fürchterlich ist.« Sie wussten es nicht, diese Generäle und Wirtschaftsführer, sie haben, da sie keinen Ausweg mehr sahen, statt der Vernunft die äußerste Dummheit und Rohheit zu Hilfe gerufen, und jetzt leiden sie selber unter der Barbarei, die sie heraufbeschworen haben.

Denn wie sieht in diesem dritten nationalsozialistischen Winter das Reich aus, das vordem eine blühende Industrie besaß, eine geordnete Lebensmittelversorgung, Wissenschaft und Kunst und das mit an erster Stelle genannt wurde, wenn man von menschlicher Zivilisation sprach? Seine Bevölkerung, die mit den Mitteln, die die Früheren geschaffen haben, ohne große Mühe gut behaust, genährt und gekleidet werden könnte, ist auf schmale Ration gesetzt, auf schlechte Wohnung und dürftige Kleidung. In diesem Reich, in dem früher alle die Worte Humanität und Vernunft als die höchsten im Munde führten und in dem viele Humanität und Vernunft beispielhaft vorlebten, ergötzt man sich heute an der barbarischen Tötung von Frauen, und scheußliche Misshandlungen Wehrloser werden öffentlich vorgenommen, als große nationale Schauspiele gefeiert. Das Volk, das den Satz geprägt hat von der Gleichheit alles dessen, was Menschenantlitz trägt, ist gezwungen, diese Gleichheit zu verleugnen und eine aus Pseudo-Zoologie und Bürokratie sinnlos gemischte Lehre von der Ungleichheit der Menschen zur Basis seiner Gesetze, seines Daseins zu machen. Dafür leiten dann Individuen, denen Ärzte Atteste ausgestellt haben, dass sie ihre Privatgeschäfte als geistig minderwertig nicht besorgen dürften, die öffentlichen Geschäfte. Unzählige Deutsche, die Majorität, werden gezwungen, sich dumm zu stellen, zu lügen, und Tag für Tag verlangen die Führer der Deutschen von ihren Untertanen Lügen und abermals Lügen. Die großartigen Erfindungen, die das 19. und das beginnende 20. Jahrhundert gemacht haben, auf dass die Menschen ein reicheres, leichteres Leben führen könnten, benutzen die Führer dieses Volkes lediglich dazu, vermoderten Aberglauben zu propagieren und ihre atavistischen Triebe abzureagieren. Die modernen Maschinen, die eine raffinierte Technik für Zwecke des Fortschritts erfunden, werden in grotesken Verzerrungen nach rückwärts gewendet und dienen ausschließlich dazu, Werkzeuge der Vernichtung zu produzieren. Und zu seinem Abgott hat dieses Deutschland einen Mann gemacht, dessen Urteilskraft weit hinter der Intelligenz des Durchschnitts seiner Bewohner zurückbleibt. Einem Volke, das die großen Werke seiner Denker in vielen Millionen Exemplaren las, durfte dieser Gott ein von ihm verfasstes Buch als seine neue Bibel aufzwingen, in dem er behauptet, die bolschewistischen Juden Russlands hätten dreißig Millionen Menschen erschlagen. Und bei der repräsentativen Feier seiner Partei, die er dem Staate gleichsetzt, durfte dieser »Führer« als wichtigsten Beweis gegen die marxistische Lehre verkünden lassen, Karl Marx habe eigentlich Mardochai geheißen. Viele Deutsche klagen: unsere Generäle, Großindustriellen, Großagrarier haben uns durch diesen Mann Hitler ins Mittelalter zurückgeführt. Das ist nicht wahr. Er hat sie zurückgeführt in die Barbarei des Urwalds, jener Zeit, da Menschen sich in Horden zusammentaten, um einander zu überfallen, weil jede Horde sich für die beste hielt. Dieses Dritte Reich ist in unserem Winter eine einzige große Rüstungsfabrik, ein riesiges Sklavengestüt, dessen ganze Hoffnung darin besteht, dass der große Raubzug nach dem Osten glücke, in dem alle Kräfte der Nation investiert sind.

Nein, gegen dieses plumpe, rohe Gebilde des Dritten Reichs, gegen diesen gigantischen Versuch, ein großes Volk den Weg von der Zivilisation zurück in den Urwald zu führen, kommt man mit den feinen, scharfen Waffen Heine'scher Geistigkeit nicht an. Trotz der scheinbaren Aktualität des Wintermärchens sind die heutigen deutschen Zustände plastisch gespiegelt in jenem 66. der Sonette Shakespeares, in dem es heißt:

Des alles müd, schrei ich nach Ruh im Tod.
Seh ich Verdienst getreten und verlacht
Und dürftiges Nichts in Ruhm und höchster Macht
Und reinsten Glauben in der tiefsten Not

Und goldne Ehre schändlich missverwandt
Und Keuschheit, edeln Zartsinn roh geschwächt
Und das Vollkommne ungerecht verbannt
Und Kraft durch lahme Lenkung abgeflächt

Und Kunst schwerzungig vor der Obrigkeit
Und Geist vor leerer Narrheit ohne Recht
Und Einfachheit missnannt Einfältigkeit
Und Sklave Gut im Dienst des Herren Schlecht

Des alles müd ruf ich nach Ruh im Tod.

3

Dass ein Schriftsteller, und sei er noch so groß, ein Bild schaffen könnte, das das heutige Deutschland so giltig wiedergibt wie Heines »Wintermärchen« das Deutschland von vor hundert Jahren, ist kaum zu hoffen. Es wäre wohl auch verfrüht. Mancher mag wohl Visionen haben. Es ist eine große Lockung, das schauerliche Schauspiel dieses verwesenden Deutschland in einer Dichtung festzuhalten, groß und pathetisch wie Dantes Hölle. Welch eine Aufgabe, allein den dreiköpfigen Höllenhund darzustellen, der dieses Deutschland bewacht. Welch ein Triumvirat. Der Größenwahnsinnige, der für den Heiland erklärte Kleinbürger, Geschöpf der Reichswehr, ohne es zu wissen, der Mann ohne die geringste Spur von Bildung und Geistigkeit, als Gott verehrt, dessen kleinste Äußerung noch als Emanation der höchsten Vernunft gilt. Zu seiner Rechten der leere Abenteurer und Machtmensch, vertiert, aufgeschwemmt, sich in tausend glitzernde Uniformen kleidend, um die eigene Blöße zu verdecken. Zu seiner Linken der geistig und körperlich zu kurz gekommene Literat, der sich reckt und vom Heldischen schwärmt. Und dieses Triumvirat, körperlich und geistig schlecht bedacht, spielt sich auf als Repräsentanz eines »Herrenvolkes«. Und dieses Volk war wirklich noch vor einem Jahrzehnt hochzivilisiert.

Dennoch glaube ich nicht, dass das endgültige literarische Bild dieses Deutschland ein pathetisches sein wird. Trotz des ungeheuren Unheils, das dieser letzte Versuch der Herrschenden, ihre Zuflucht in die Barbarei, über ein großes Volk gebracht hat, steckt in diesem Dritten Reich unendlich viel tölpelhaft Groteskes und symbolhaft Lächerliches. Odysseus und David sind ernsthafte Gestalten, Polyphem und Goliath bleiben Figuren eines Rüpelspiels, einer Farce, mögen sie Unheil anstellen, soviel sie wollen. Das Dritte Reich hat mir vieles und sehr Übles zugefügt, manche meiner Freunde erschlagen, viele eingekerkert, hat mir Haus und Vermögen genommen und viele mir wertvolle Arbeit zerstört. Gleichwohl muss ich, wenn ich an die Begleitumstände dieser Gewalttaten denke, an ihre bürokratische, plump sophistische Begründung oft schallend lachen. Die ganzen ungeheuren Lügen der nationalsozialistischen Propaganda und der Bibel ihres Führers erregen letzten Endes trotz des Übels, das sie anrichten, mehr Gelächter noch als Empörung. Ich glaube, die letzte Form, in der die Herrschaft der Nationalsozialisten ihren literarischen Ausdruck findet, wird eine Dichtung sein nicht in der Art Heines, wohl aber in der des Aristophanes. Und vom tausendjährigen Reich der Nationalsozialisten wird in nicht allzu ferner Zeit nichts mehr übrig sein als ein schallendes Gelächter.

Originaltyposkript, undatiert und vermutlich bisher unveröffentlicht.

Das Dritte Reich und seine Regierung
(um 1936)

1.

Die Aufrichtung des Dritten Deutschen Reichs, die sogenannte nationale Revolution in Deutschland, stellt sich als der dritte große Einbruch der Barbaren in die abendländische Zivilisation dar. Der Historiker bekommt durch das Miterleben der deutschen Geschehnisse einen erschreckenden Anschauungsunterricht, der ihm vieles erhellt, was ihm bisher am Einbruch der Makedonier in die hellenische, am Einbruch der Goten und Vandalen in die römische Kultur unklar bleiben musste.

Ein Grundprinzip unterscheidet diese dritte, zeitgenössische Barbareninvasion von den beiden genannten barbarischen Einbrüchen. Die Makedonier, die sich die gesittete griechische Welt unterwarfen, die Goten und Vandalen, die sich des römischen Reichs bemächtigten, waren bemüht, sich der vorgefundenen Zivilisation anzupassen, zu Griechen oder zu Römern zu werden. Die deutsche Unterschicht aber, die heute innerhalb des Deutschen Reichs die Majorität der Bevölkerung unterdrückt, bekennt sich zynisch zum entgegengesetzten Ziel. Ihr Zweck ist eingestandenermaßen die Zerschlagung der abendländischen Zivilisation, die Rückkehr zu den Anschauungen und Lebensformen des germanischen Urwalds.

Immer wieder, in Wort und Schrift, erklären die Führer der Nazis, Mensch sei vor dem Gesetz nicht gleich Mensch. Nicht seine Eigenschaften, nicht seine Leistungen bestimmten den Wert eines Individuums, sondern einzig und allein seine Geburt, die Zugehörigkeit zu einer bestimmten (wissenschaftlich nicht feststellbaren) Rasse. Zweck des völkischen Staates, erklären sie, sei die Liquidierung der Grundsätze der Französischen Revolution. Menschlichkeit, Humanität sei feige Gefühlsduselei, Gerechtigkeitsliebe sei öde, liberalistische Gleichmacherei. Das römische Recht, verkündete der deutsche Justizminister, jenes Recht, dessen Grundsätze seit zweitausend Jahren die Beziehungen der weißen Menschen untereinander geregelt haben, müsse endlich abgeschafft werden; die Rechtspflege habe nicht objektive Tatbestände festzustellen, sie sei dazu da, die Macht des Staates zu stützen und zu mehren. Der arische Mensch sei durch Geburt bevorrechtigt vor dem nichtarischen, der deutsche, nordische Mensch vor dem gemeinen arischen, der deutschvölkische vor dem gemeinen deutschen. So legt es denn auch der nationalsozialistische Staat in Recht und Gesetzgebung fest.

Es gibt nun keine Möglichkeit, wissenschaftlich zu definieren, was eigentlich ein arischer Mensch ist. Infolgedessen beschränkt sich die Regierung darauf, festzustellen, wessen Großeltern sich zu einer bestimmten Religion, zur jüdischen, bekannt haben. Abkömmlinge solcher Großeltern gelten als Nichtarier. Hingegen gilt wiederum als Arier derjenige, dessen Urgroßvater sich zu der verhassten Religion bekannt hat. Andere »Rassen«-Kriterien kennt das Recht und die Gesetzgebung des nationalsozialistischen Staates nicht.

Man sieht, die Feststellung, wer unter der deutschen Bevölkerung zu der verhassten nichtarischen Rasse gehört, scheitert daran, dass es ein wissenschaftliches Kriterium dieser Rasse nicht gibt. Das Rassenprinzip zum Fundament der Gesetzgebung und Rechtspflege machen zu wollen erweist sich in der Praxis als ein Akt von läppischer Willkür. Es ist viel leichter und sicher wissenschaftlich besser zu begründen, etwa die Astrologie zum Fundament eines Staates und seiner Rechtspflege zu machen. Denn es ist leichter feststellbar, wer unter dem Sternbild des Widders oder der Jungfrau geboren ist, als wer der arischen Rasse zugehört, und es ist leichter erweisbar, dass, wer unter einem beliebigen Sternbild geboren ist, minderwertig sei, als dass die Angehörigen einer nichtarischen Rasse zur Bekleidung öffentlicher Ämter nicht taugten.

2.

Die beiden wichtigsten Mittel, mit denen die jetzigen Beherrscher Deutschlands dem Bestand ihres Reichs Dauer verschaffen wollen, sind Gewalt und Lüge.

Mag sein, dass Macht sich niemals verwirklichen ließ ohne Gewalt und Lüge. Aber bisher sah man in diesen beiden Mitteln notwendige Übel, die man eben hinnahm, und man strebte eine Gesellschaftsordnung an, die ohne diese beiden Mittel auskäme. Die heute in Deutschland Regierenden tun das Gegenteil. Sie schämen sich nicht der Gewalt, sie rühmen sie, machen sie zum Grundprinzip des Staates. Sie schämen sich nicht der Lüge, sie preisen sie als das edelste und ihrer nordischen Art am meisten gemäße Mittel der Staatskunst.

3.

Der Wille zur Macht ist das oberste Gesetz der Völkischen. Sie haben das Wort blind und sinnlos von dem großen Ideologen der Macht, von Friederich Nietzsche, übernommen. Adolf Hitler hat sich nicht entblödet, sich unter der Büste Nietzsches fotografieren zu lassen. Er hat vergessen, dass dieser Mann das Wort geprägt hat: »Macht verdummt.« Er hat vergessen, dass dieser Mann geschrieben hat: »Die Deutschen haben die kulturwidrigste Krankheit und Unvernunft, die es gibt, auf dem Gewissen, den Nationalismus, die nationale Psychose, an der Europa krank ist: sie haben Europa um seinen Sinn, um seine Vernunft gebracht.« Er hat auch vergessen, dass niemand härtere Worte des Hohnes für den Antisemitismus gefunden hat als eben Nietzsche.

Wie haben sie die Lehre von der Macht verplumpt. Welchen Unsinn haben sie aus Nietzsches Weisheit gemacht. Sie verstehen unter Macht nichts als sinnlose physische Gewalt, ein Schwelgen in Muskelseligkeit, einen Rausch an ungeheuren Quantitäten von Waffen, eine ekelhafte Lust am Kadavergehorsam.

Aus einer solchen Weltanschauung heraus rühmen sie in zehntausend Reden und Schriften den Krieg als die einzige erstrebenswerte Blüte und Erfüllung nationalen Schicksals. Sie lieben den Krieg um seiner selbst willen, erklären, Ziel des Lebens sei der Tod auf dem Schlachtfeld. Die beste Zeit der Jüngeren wird auf militärische Übungen verwendet, die Straßen hallen wider von Kriegsliedern, das ganze Land ist eine einzige riesige Waffenwerkstatt. Kriegerische Tüchtigkeit gilt als erste Voraussetzung jeder öffentlichen Betätigung. Niemand mehr kann in Deutschland ein öffentliches Amt bekleiden, der nicht militärisch tüchtig ist. Das größte mathematische oder medizinische Genie, wenn es nicht zu militärischen Übungen taugt, kann in Deutschland keinen Lehrauftrag mehr bekommen, kein Laboratorium mehr benutzen. Kriegerischer Geist ersetzt mangelnde wissenschaftliche Eignung. Wehrwissenschaft gilt als die erste aller Disziplinen, ihr sind alle anderen Wissenschaften dienstbar; Wissenschaft und Kunst, soweit sie nicht zu Kriegszwecken verwendet werden können, werden unterdrückt.

Aller Saft Deutschlands dient heute der Vorbereitung des Krieges, alles übrige Leben verdorrt. Die Industrie, soweit sie nicht der Rüstung dient, ist zusammengebrochen. Die deutsche Landwirtschaft, die, abgesehen von ihrer wirtschaftlichen Struktur, aus Gründen des Bodens und des Klimas höchst unvollkommen und der Landwirtschaft vieler anderer Länder unterlegen bleiben muss, wird als kriegswichtig mit allen Mitteln gefördert. Man könnte um einen kleinen Teil der Subventionen, die sie erfordert, bessere, ausreichende Lebensmittel für die Bevölkerung aus dem Ausland beschaffen. Man tut es nicht, man verhindert die Einfuhr von Lebensmitteln aus dem Ausland durch ungeheuere Zölle, senkt den Lebensstandard der Bevölkerung aufs äußerste, zwingt viele Millionen von Menschen, ihr Leben lang zu hungern, nur damit im Kriegsfall Deutschland sich selber verköstigen könne und nicht auf das Ausland angewiesen sei.

Deutschland hat heute 65 Millionen Einwohner. Ziel der Außenpolitik des nationalsozialistischen Staates ist, dass in absehbarer Zeit zweihundertfünfzig Millionen Deutsche auf sehr erweitertem Gebiet leben können. Es ist läppisch, anzunehmen, ein solches Ziel könne durch Verständigung mit jenen Staaten erreicht werden, deren Gebiete weggenommen und deren Bevölkerung versklavt werden soll. Erstes Mittel der deutschen Außenpolitik also bleibt Gewalt.

4.

Erstes Mittel auch der Innenpolitik des Dritten Deutschen Reichs bleibt Gewalt. Nur etwa 30 % der Bevölkerung hängen in Wahrheit den Nationalsozialisten an. Die anderen 70 % sind Gegner, zum Teil überaus erbitterte, hartnäckige Gegner, die nur mit der äußersten Gewalt niedergehalten werden können. Die Völkischen schreckten denn auch von Anfang an vor keinem Mittel zurück. Sie schossen die politischen Führer der Linksparteien einen nach dem anderen ab, sie verhöhnten die Grundsätze, die den Weißen seit zweitausend Jahren als die Elemente der Gesittung gelten, schafften sie ab. Sie führten die Sklaverei wieder ein und »tarnten« sie als »Freiwilligen Arbeitsdienst«. Sie sperrten ihre Gegner ein, hielten sie schlechter als Tiere, marterten sie und nannten das »körperliche Ertüchtigung«. Sie zwangen sie, einander zu bepissen, Gras mit dem Mund auszuraufen, führten sie in lächerlichen Aufzügen durch die Straßen und nannten das »Erziehung zu nationaler Gesinnung«. Das Gesetz »Du sollst nicht töten« wurde abgeschafft, der politische Mord wurde als hehre Tat gepriesen. Der Führer nannte Parteigenossen, die einen Arbeiter auf besonders viehische Art umgebracht hatten, um dieses Mordes willen seine »Kameraden«. Man errichtete den Mördern Rathenaus und Erzbergers Gedenktafeln, man riss den ermordeten bayerischen Ministerpräsidenten Eisner aus seinem Grab, man machte den Mörder [Edmund] Heines, weil er sich als Fememörder rühmte, zum Polizeipräsidenten. Es wurden im ersten Vierteljahr der völkischen Herrschaft im Reich 593 ungesühnte Morde begangen, mehr ungesühnte Morde als in dem ganzen Jahrzehnt vorher – und dies waren nur die bekannt gewordenen, dokumentarisch belegten Mordtaten. Auch wurden in den ersten Monaten der völkischen Herrschaft mehr Menschen hingerichtet als in den fünfzehn Jahren vorher.

Man sieht, statt des aufgeklärten Despotismus, wie ihn ein Machiavell, ein Nietzsche feierte, wie ihn Friedrich der Große in die Tat umzusetzen suchte, herrscht im Dritten Reich eine brutale, höchst unaufgeklärte Tyrannei. Nicht Generäle regieren das heutige Deutschland, sondern Feldwebel. Die höchste Autorität, vor der dieser Staat auf dem Bauch kriecht, ist der entfesselte Kleinbürger. So erklärt sich auch, dass die heutigen Regierenden keine Gegner mit wüsterem Hass verfolgen als den Geist, als das freie Wort. Die Vernichtung der Literatur im eigentlichen Wortsinn, die Verbrennung von Büchern, ist vielleicht das wichtigste Symbol ihrer Herrschaft, und vielleicht auch erklärt sich so ihr zügelloser Hass gegen die Juden, gegen jenes Volk, das einzig und allein durch ein Geistiges, durch ein Buch, durch die Bibel zusammengehalten wird.

5.

Das zweite Grundelement der völkischen Herrschaft in Deutschland ist die Lüge. Hitlers Weltanschauung basiert – sein Buch »Mein Kampf« beweist es – auf einer ungewöhnlich plumpen Fälschung, auf dem Buch »Die Geheimnisse der Weisen von Zion«, das sein Freund Rosenberg mit emphatischen Anmerkungen herausgegeben hat. Schon im Jahre 1921 hatte ein Mitarbeiter der Londoner Times die Art dieser Fälschung, ihre Quellen, ihre Struktur aufs genaueste erwiesen; aber noch heute weisen Hitler und seine Freunde auf dieses »Dokument« als die Grundlage ihrer philosophischen und politischen Überzeugung hin. Sie lügen bewusst; zu lügen gilt ihnen als sittliche Forderung. Der von Hitler am höchsten geschätzte Vertreter der »Rassenlehre« ist ein gewisser Hans Günther, und in den Büchern dieses Mannes wird als wichtigste Eigenschaft des arischen Menschen die »nordische List« gefeiert.

Die Praxis der Führer des neuen Reichs ist denn auch durchtränkt von dieser nordischen List. Wieder und immer wieder hat Adolf Hitler sein Wort gebrochen. Mit eiserner Stirn verkündet er, wenn es ihm in sein außenpolitisches Programm passt, Grundsätze, die genau das Gegenteil besagen von dem, was er in seinem Buche »Mein Kampf« lehrt. Zu gleicher Zeit predigt er nach außen hin in feierlichen, wildpathetischen Reden den Frieden und zwingt dem Volk, vom Knaben bis zum Greis, sein Buch auf, das den Krieg predigt. Dem Volk erklärt man augenzwinkernd, die Friedensreden des Führers seien nur für das dumme Ausland bestimmt, damit man ungestört rüsten könne. Der hohe Zweck heilige solche aus nordischer List geborene Tarnung. So sucht die Regierung fünfundsechzig Millionen Menschen in einem Bunde augenzwinkernder Hinterlist zu vereinigen. Immer wieder haben Führer der Völkischen vor den republikanischen Gerichten um des nationalen Zweckes willen Meineide geleistet und sich dieser Meineide gerühmt. Aus solchem Geist erklärt sich der Reichstagsbrand und die läppische Komödie des Prozesses darum, von lauter Wissenden, vor lauter Wissenden gespielt. Aus solchem Geist heraus erklärt sich die unsäglich alberne Farce der Volksabstimmung.

In diesem Geist der Lüge erzieht man die Jugend. Man lehrt sie, der Krieg sei nicht verloren worden, das deutsche Volk sei das edelste der Welt und darum innen und außen von tückischen Feinden bedroht. Die Wahrheit der anderen bezeichnet man als welsche Tücke, die eigene Lüge als nordische List. Man hält die Jugend an, Fragern zu erklären, ihre militärischen Übungen seien nichts als »Sport«. Man lehrt die Kinder, wer eine Wahrheit sage, die den Völkischen nicht nutze, sei ein Lump und vogelfrei. Man lehrt die Kinder, sie gehörten dem Staat, nicht ihren Eltern. Man verhöhnt und bespeit, was ihre Eltern rühmen, rühmt, was ihren Eltern fluchenswert erscheint, und bestraft sie hart, bekennen sie sich zur Gesinnung ihrer Eltern. Man lehrt sie lügen.

Kein schlimmeres Verbrechen gibt es in diesem Deutschland der Völkischen als das Bekenntnis zur Vernunft, das Bekenntnis zum Frieden und aufrechte Gesinnung. Die Regierung verlangt nicht etwa, dass man eine völkische Überzeugung habe, wohl aber dass man sie bekunde. Auch verlangt sie, dass jeder seinen Nächsten scharf beobachte, ob der diese vorgeschriebene Überzeugung äußere. Wer nicht gelegentlich eine Anzeige erstattet, gilt als verdächtig. Nachbar bespitzelt den Nachbarn, Sohn den Vater, Freund den Freund. Man flüstert in den Wohnungen, denn das laut gesprochene Wort dringt durch die Wände. Man hat Angst vor seinen Kameraden, vor seinen Angestellten, vor dem Kellner, der einem die Speisen bringt, vor dem Nebenmann in der Straßenbahn.

In diesen Monaten hat man lügen gelernt in Deutschland. Viele rühmen laut die Völkischen, aber heimlich verfluchen sie sie. Ihr Kleid trägt die braune Farbe der Nazis, ihr Herz die rote der Gegner: Beefsteaks nennen sie sich. Die Partei der Beefsteaks ist größer als die des Führers.

Aber ihre Stimmen dringen nicht ins Ausland, und die Stimme des Auslands dringt nicht zu ihnen. Es gibt ein Nazi-Sturmtrupp-Quartier in Berlin-Köpenick, Demuth heißt es, berüchtigt, weil man dort die Gefangenen auf besonders wüste Art misshandelt. Zu Anfang ließ, während man sie in den Kellern schlug, einer der Landsknechte im Hof sein Motorrad laufen, sodass das Geräusch des Motors das Geschrei der Gefolterten und das Klatschen der Hiebe übertönte. Dieser Motor, angekurbelt, doch nur um das Geschrei der Misshandelten zu übertönen, das ist das Sinnbild des Dritten Deutschen Reichs.

Widersinn und Lüge ist, was die Machthaber dieses Reiches tun und was sie lassen. Lüge, was sie sagen und was sie verschweigen. Mit der Lüge stehen sie auf, mit der Lüge legen sie sich nieder. Lüge ist ihre Ordnung, Lüge ihr Gesetz, Lüge ihr Urteil, Lüge ihr Deutsch, Lüge ihre Wissenschaft, ihr Recht, ihr Glaube. Lüge ist ihr Nationalismus, ihr Sozialismus, Lüge ihr Ethos und ihre Liebe, Lüge alles und echt nur eines: ihr Hass.

Deutschland seufzt. Aber es hält Ruhe und Ordnung. Pfeiler dieser Ordnung sind die sechshunderttausend Nazi-Soldaten, und untermauert ist sie mit den hunderttausend Häftlingen der Konzentrationslager.

Aber 95 % der Bevölkerung haben ihre Stimmen für die Regierung Hitlers abgegeben. Das Land verelendet, das

Land verlumpt; wer jedoch über den Kurfürstendamm Berlins geht, über den Jungfernstieg in Hamburg, über die Hohe Straße in Köln, der sieht nichts als Ruhe und Ordnung.

6.

Sichtbarster Ausdruck der Regierung des Deutschen Reichs ist heute das Triumvirat: Hitler, Göring, Goebbels.

Unter diesen dreien ist Göring der reine, plumpe, stierhafte Ausdruck der nackten Gewalt. Schwedische Richter haben ihm wegen geistiger Unzurechnungsfähigkeit das Recht abgesprochen, Vormund seines kleinen Sohnes zu sein. In Deutschland hat man ihn zum absoluten Beherrscher des Landes Preußen und somit zum Vormund von 38 Millionen Erwachsenen gemacht. Prunkend in vielfältigen Uniformen, immer wieder vor der Öffentlichkeit in wüsten, schäumenden Zornesausbrüchen sich ergehend, ist er ein schieres Sinnbild ungezähmter Brutalität. Jedes Foto von ihm zeigt es.

Der kleine, hässliche, missgestaltete Goebbels, der Chef des Ministeriums für Lügen – »Propagandaministerium« lautet die offizielle Lesart –, der die Schönheit und Herrlichkeit des arischen Menschen verkündet, der mit eiserner Fresse den Hungrigen immer wieder zu suggerieren versucht, sie seien satt, den Elenden, sie seien glücklich, der Ersinner der zahllosen rauschenden Feste, mit denen man vergeblich die Not der Bevölkerung überschminkt, ist das Symbol des zweiten völkischen Prinzips: der Lüge.

Der Reichskanzler Hitler aber ist die Vereinigung beider Symbole. Die verlogene Brutalität dieses leeren Gesichts, das ist es, was der Kleinbürger ersehnt, diese Despotie ist das, was er braucht. Ein Schauspieler mittleren Formats, begabt mit einer Stimme, die, was andere ihm eingetrichtert haben, wirkungsvoll vorzutragen versteht, sah dieser Mann Hitler sein letztes Ziel darin, einen Kanzler zu spielen, stolzen Schrittes durch ein Spalier huldigender Statisten zu schreiten, die ihn auf altrömische Art grüßten. Jetzt, mit überraschender Genugtuung, darf er erkennen, dass es kein besseres Mittel gibt, die Macht zu behalten, als sie zu spielen; denn alle anderen, das Inland wie das Ausland, beugen sich dem König in Unterhosen und erklären, sie glaubten an seinen prächtigen Ornat.

Vielleicht glauben sie wirklich daran.

7.

So viel von der Regierung des Dritten Deutschen Reichs.

Entwurf für die literarische Monatsschrift »Das Wort«, die als deutsche Exilzeitschrift von Juli 1936 bis März 1939 von Bertolt Brecht, Lion Feuchtwanger und Willi Bredel in Moskau herausgegeben wurde, Chefredakteur war Fritz Erpenbeck.

Für »Das Wort« – Against Hitler

(undatiert)

Vor der Errichtung des Dritten Reichs haben Bücher von Thomas Mann, Heinrich Mann, Remarque, Feuchtwanger, Arnold Zweig, Stefan Zweig Auflagen erreicht, die um ein Vielfaches höher waren als die von »Mein Kampf«. Solange das deutsche Volk noch frei wählen konnte, hat es sich also für die Zivilisation und für die deutsche Sprache entschieden, gegen die Barbarei und das Gestammel.

Als die Barbaren zur Macht gelangten, vergewaltigten sie in ihren Kundgebungen die Sprache der Deutschen nicht weniger als die Leiber der Deutschen in ihren Konzentrationslagern. Sie verbannten die Schriftsteller, die gewissenhafte Gärtner der deutschen Sprache gewesen waren, aus den Grenzen des Reichs. Sie zwangen den Massen durch behördliche Verfügungen und Repressalien das Kauderwelsch des Buches »Mein Kampf« auf. Sie tilgten aus den Schullesebüchern die Worte Goethes und Heines und ersetzen sie durch das Gelalle der Hitler und Goebbels. Sie verdarben das deutsche Wort.

Sie vergaßen, dass das Wort an keine Grenzen gebunden ist. Da das rechte deutsche Wort innerhalb der Grenzen des Dritten Reichs nicht leben darf, hüten und pflegen es die Berufenen außerhalb der Grenzen. Es wird, wenn die Barbaren weggefegt sind, dem deutschen Volk rein und klar zurückgegeben werden können, ein wohlbehütetes Erbe.

Antiintellektuelle, antisemitische Karikatur, dargestellt ist Heinrich Mann, Feuchtwangers Freund und Schriftstellerkollege, mit dem er die Exilstationen in Frankreich und Kalifornien teilte; in »Berliner illustrierte Nachtausgabe«, 10. Mai 1933.

»Artikel über die Pogrome für den deutschen Rundfunk geschrieben«, notiert Feuchtwanger am 18. November 1938 in seinem Tagebuch. Der Deutsche Freiheitssender 29,8 richtete sich vom 10. Januar 1937 bis zum 28. März 1939 aus Madrid in deutscher Sprache an die Bevölkerung des von den Nazis beherrschten Deutschlands.

Für den Freiheitssender
(1938)

Die Welt zerbricht sich die Köpfe darüber, welche Gründe hinter den Pogromen stecken mögen, die die Regierung des Dritten Reichs zurzeit veranstaltet. Man rät auf dies und jenes. Hat die Wirkung des Raubüberfalls auf Böhmen nur so kurz vorgehalten, und braucht man bereits neue Manöver, um die Unzufriedenheit der Bevölkerung abzulenken? Sucht man sich über die Finanzschwierigkeiten des Reichs, die durch den Raub Österreichs und Böhmens nur erhöht wurden, für den Augenblick wegzuhelfen durch die Konfiskation der letzten Reste des jüdischen Vermögens? Stichhaltig scheinen mir Gründe dieser Art nicht. Wenn bei dem Entschluss der Naziregierung, Pogrome zu veranstalten, logische Erwägungen politischer oder wirtschaftlicher Natur mitgespielt hätten, dann wären sie nicht veranstaltet worden. Denn die Schäden solcher Pogrome – selbst der Naziregierung musste das in die Augen springen – standen in keinem vernünftigen Verhältnis zu dem zu erwartenden Gewinn.

Nein, hinter diesen letzten Pogromen stecken keine raffinierten Kalküle. Man tut besser daran, sie einfach als einen Ausbruch von Narrheit, Furcht und Verzweiflung aufzufassen. Immer noch folgert die Welt aus den Erfolgen der

Nazis auf ihre Intelligenz und ist geneigt, den Machthabern des Dritten Reichs ungewöhnliche Schlauheit und politisches Raffinement zuzutrauen. Das ist ein Irrtum. Nicht fein angelegte politische Pläne, keinerlei staatsmännische Intuition hat die Erfolge der Nazis bewirkt, sondern einzig und allein die Schwäche, Bedenklichkeit und Gespaltenheit ihrer Gegner. Die Pogrome, die wir jetzt in Deutschland schaudernd miterleben, sind nicht die Frucht ausgeklügelter Pläne, sie sind nichts als ein Ausbruch der wilden, dumpfen Triebe der Machthaber, ihrer blinden Rachsucht und Zerstörungswut. Die Gruppe der Juden hat ihre Zusammengehörigkeit durch zwei Jahrtausende gehalten, sich nicht stützend auf Gewalt, zusammengehalten lediglich durch den gemeinsamen Glauben an Vernunft, Geist, Moral. Ihre bloße Existenz ist also für die Nazis, die Anbeter der rohen Gewalt, ein ständiger Vorwurf, ein Dorn im Fleisch. Menschen, die immer nur von biologischen Bedingtheiten sprechen, müssen in ihrem Unterbewusstsein ahnen, dass zwischen dem Gehirn etwa eines Hitler und eines Göring auf der einen und dem eines Einstein oder Freud auf der andern Seite entwicklungsmäßig ein Unterschied von mehreren zehntausend Jahren klafft. Sie rächen sich für das Gefühl ihrer Unterlegenheit, indem sie diejenigen ihre Macht spüren lassen, die zu den Freud und Einstein gehören, indem sie ihnen ihre Intelligenz beweisen durch die Ersinnung immer neuer Quälereien, durch die raffinierte Organisation der Demütigungen und Erniedrigungen, durch das Ausdenken eines fein verästelten bürokratischen Apparats, die Verhassten nicht einfach totzuschlagen, sondern sie langsam auszuhungern, dass sie krepieren wie Lebewesen, denen man sehr allmählich die Luft zum Atmen entzieht.

Es ist wichtig, endlich damit aufzuhören, bei den Nazis Vernunft und überlegene Intelligenz zu suchen. Man tut besser daran, zu erkennen, was ist, dass man es nämlich mit Geisteskranken zu tun hat. Nur wenn man das erkennt, findet man die richtigen Methoden der Abwehr.

Man stelle sich Einzelheiten der letzten Pogrome gut vor. Man hat inmitten eines darbenden, nach Lebensmitteln und Waren hungernden Volkes Materialwerte im Betrag von Millionen sinnlos zerstört. Die Regierung hat tatenlos, es billigend, zugeschaut, nicht nur wie man jüdische Geschäfte geplündert hat, sondern wie man die so erbeuteten Gegenstände öffentlich austauschte und verschacherte. Steckt hinter solcher Zerstörung der elementarsten gesellschaftlichen Begriffe »Politik«, Logik? Man hat Frauen und Kinder, die man mit bestem Willen mit keiner politischen Gruppe in Verbindung bringen kann und aus denen auch mittels aller Tortur kein Geld herauszupressen war, auf viehische, raffinierte Art gequält; man hat der Bevölkerung deutlich nahegelegt, Milch für stillende jüdische Mütter und für jüdische Säuglinge nicht zu verkaufen. Ist das Politik? Man stelle sich Einzelheiten gut vor. Zum Beispiel, wie zwei ältere jüdische Frauen in ihrem ausgebrannten Haus in Ems liegen, auf der nackten Erde, hungernd, da man ihnen keine Lebensmittel verkauft, durstend, da man ihre Wasserleitung, frierend, da man ihre Heizung, im Dunkeln, da man ihre Elektrizitätsleitung zerstört hat und nicht repariert. Welcherlei vernünftige Politik steckt hinter solchen Akten? Jüdische Menschen in Deutschland, die von ihren Verwandten im Ausland auf mühevollen Umwegen telefonisch erreicht werden, beschwören diese Verwandten, ihnen Lebensmittelpakete zu schicken, solange Post an Juden noch zugestellt wird. Wo ist der politische Kalkül, der dergleichen begründet?

Nein, was hinter diesen Barbareien steckt, ist nichts als das Toben von Narren, von bösartigen Geisteskranken. Und hinter diesem Toben steckt Furcht und Verzweiflung. Die tobende Feindschaft gewisser Deutscher gegen die Juden, hat Bismarck einmal gesagt, erinnere ihn an das Gewese eines Mannes, der sich und den andern seinen Heldenmut an einem Mückenschwarm beweisen wolle. Es ist schon so: die Nazis, trotz der Erfolge, welche die Schwäche ihrer Gegner ihnen durch die Zuerkennung Österreichs und Böhmens zugeschanzt hat, fühlen sich immer weniger sicher. Sie haben Furcht vor einem ernsthaften Kampf, sie wollen sich ihre Stärke beweisen durch das Getöse ihrer Gewalttaten an ihren paar hunderttausend wehrlosen jüdischen Opfern.

Es wäre gut, wenn nicht sie allein, sondern auch ihre Gegner, die Anhänger der Vernunft, erkennten und im Innersten spürten, dass die Nazis keineswegs unüberwindlich sind. Gutes Zureden ist nicht der einzige Weg, mit Geisteskranken fertigzuwerden. Man entschließe sich, bessere Mittel anzuwenden, der Hand der Verrückten den Revolver zu entwinden und ihnen die Zwangsjacke anzulegen.

4

Als Exilant in den USA

Mit dem Überfall der Wehrmacht auf Polen begann am 1. September 1939 der Zweite Weltkrieg. Die Folgen seines Zögerns bekam Feuchtwanger keine drei Wochen später zu spüren: Der weltberühmte Exilant musste sich, wie alle Männer deutscher und österreichischer Abstammung im Alter zwischen achtzehn und sechzig Jahren, in ein französisches Internierungslager begeben und wurde zunächst in La Rode, dann in Les Milles festgesetzt. Nach dramatischer Flucht aus dem Lager und über die Pyrenäen ging er am 5. Oktober 1940 unter einem Pseudonym in Lissabon an Bord der »S. S. Excalibur« mit dem Zielhafen New York. Er sollte nie wieder nach Europa zurückkehren. Zwei Wochen später konnte Marta ihm nachfolgen. Anfang Januar 1941, nach kurzem Aufenthalt in New York, erreichten sie gemeinsam Los Angeles. »Zweifel, ob und wann man nach Amerika soll«, hatte Feuchtwanger am 17. März 1938 in seinem Tagebuch notiert. Jetzt war er dort angekommen, wissend, wie knapp er der Gestapo entronnen war.

Rede, gehalten vor amerikanischen Rabbinern in New York.

Stellung zum Judentum
(1940)

Sie haben mich aufgefordert, liebe Freunde, Ihnen einiges mitzuteilen über meine Stellung zum Judentum, wie sie sich während der Ereignisse der letzten schweren acht Jahre entwickelt hat.

Ich täte nun wahrscheinlich besser, mich an das Wort Goethes zu halten: Bilde, Künstler, rede nicht. Ich könnte Sie einfach verweisen auf meine Trilogie »Josephus«. Denn diese Trilogie behandelt das Grundproblem des Judentums, das Problem Nationalismus oder Kosmopolitismus, und mein Josephus, einer der glücklichsten und unglücklichsten Menschen der Welt, sieht sich während seines ganzen Lebens immer wieder vor die Frage gestellt: Bin ich Jude oder bin ich Römer oder bin ich Weltbürger? Was eigentlich bin ich?

Wenn ich mich gleichwohl entschlossen habe, Ihnen mitzuteilen, wie ich heute zu meinem Judentum stehe, dann deshalb, weil ich, gerade in unserer Zeit, auch den leisesten Anschein vermeiden möchte, als wiche ich der Beantwortung einer so wichtigen Frage aus.

Im Übrigen ist, was ich Ihnen sagen will, meine Freunde, nicht für eine größere Öffentlichkeit bestimmt. Es sind Gedanken, die ich nur vor einigen wenigen sehr vernünftigen und verantwortungsvollen Männern äußern möchte, von denen ich annehmen darf, dass sie meine Worte wohlwollend erwägen, dass sie sie nicht aus dem Zusammenhang reißen, dass sie sie cum grano salis betrachten. Aus diesem Grunde auch habe ich vorgezogen, in meiner Muttersprache zu Ihnen zu reden, damit nicht das fremde Idiom meine Gedanken verzerre. Ich glaube, ich hoffe, meine Freunde, Sie sind die richtigen Männer, vor denen ich reden kann.

Nun denn. Wenn sehr viele unter uns sich lange Zeit vor der Beantwortung der Frage haben drücken können, was sie eigentlich seien, Juden oder Bürger ihres Landes oder Weltbürger, so haben die Ereignisse des letzten Jahrzehnts den meisten ein weiteres Ausweichen unmöglich gemacht. Sie konnten sich nicht länger verkriechen, sie mussten Stellung nehmen, sie mussten ihr Gesicht zeigen. Wir wollen uns nicht verhehlen, dass das in vielen Fällen auf recht klägliche Art geschah, dass viele bemüht waren, zweideutig zu bleiben, solange das ging, ja, zu ihrem eigenen Schaden selbst dann, als es nicht länger ging. Wir wollen nicht voll törichten Stolzes herabblicken auf diese nicht sehr mutigen Juden, sondern wir wollen uns eingestehen, dass das jüdische Problem ja wirklich verdammt heikel ist. Wer sich nicht mit einer allzu primitiven Lösung begnügt, mit einem simplen Ja oder Nein, der stößt auf harte, unangenehme Tatsachen. Diesen Tatsachen ins Gesicht zu schauen, sie nackt vor sich hinzustellen erfordert Mut.

Nun hat dieser Krieg gezeigt, dass erstaunlich viel Mut in der Welt ist, aber sonderbarerweise sehr viel mehr physischer Mut als geistiger. Es gibt zum Beispiel viele junge Menschen, die keinen Augenblick zögern, als Flieger ihr Leben aufs Spiel zu setzen, aber es gibt wenige, die öffentlich für ihre Überzeugung einstehen, wenn eine solche Überzeugung nicht populär ist.

Wie also steht es mit uns? Bin ich Jude oder bin ich Deutscher oder bin ich Weltbürger? Sind Sie Juden oder Amerikaner? Amerikanische Juden oder jüdische Amerikaner? Ist dies unser Judentum der Hauptnenner oder ist es nur etwas Zusätzliches oder was ist es?

Mehr und mehr bin ich geneigt, in der Tatsache, dass ich Jude bin, einen Faktor zu sehen, der mein Sein und mein Schicksal bestimmt, aber keineswegs den allein ausschlaggebenden Faktor. Wohl wären von den Ereignissen, die ich erlebt habe, die wenigsten so verlaufen, wie sie verliefen, wenn ich kein Jude wäre. Ebenso gewiss aber lässt sich kein einziges von diesen Ereignissen nur daraus erklären, dass ich Jude bin. Gewiss lautete jedes Wort, das ich geschrieben, anders, wenn ich kein Jude wäre; aber ebenso gewiss lässt sich nichts von dem, was ich geschrieben, nur daraus erklären, dass ich Jude bin. Und ich bin geneigt, diese meine Erfahrung nicht für subjektiv zu halten, sondern für allgemein gültig.

Wir haben gelernt, dass wir mit der Einteilung in Seele und Körper, in Geistiges und Physisches nicht sehr viel weiterkommen. Genauso wenig kommen wir weiter, wenn wir das »Jüdische« herausschälen wollen aus unsern andern Bedingtheiten. Sowenig die sogenannte Seele denkbar ist ohne den Körper, so wenig ist das Judentum eines Individuums denkbar ohne die andern Bedingungen dieses Individuums. Gewiss durchtränkt das Judentum eines Menschen sein ganzes Wesen und bestimmt alle seine Handlungen: es ist nicht loslösbar von diesem seinem Wesen. Sowenig etwa der Begriff Gang denkbar ist ohne die zugehörigen Füße, so wenig sagt das Wort Judentum aus ohne das zugehörige Individuum. Mit andern Worten: der Begriff »jüdisch« hat etwas Adjektivisches an sich, er ist kein Hauptwort. Der Begriff »jüdisch« bestimmt das zugehörige Hauptwort, aber er ist nicht denkbar ohne dieses.

So wie sich Salz im Wasser auflöst – es ist immer da, aber es ist keineswegs immer sichtbar, es bestimmt den Geschmack, aber es ist keineswegs dazu bestimmt, für sich allein genossen zu werden –, so steht es um das Judentum. Es bestimmt das Wesen des Einzelnen, und es bestimmt das Wesen der Gesamtheit, in welcher sich die jüdische Gruppe befindet: aber es ist nichts Absolutes, es wirkt nur in Gemeinschaft mit anderem.

So auch erklären sich die ungeheuren Wandlungen, welche das Judentum in den dreitausend Jahren seiner Geschichte durchgemacht hat. Bald war es kondensiert, ein staatliches und volkhaftes Gebilde, jedermann deutlich erkennbar. Zwei und ein halbes Mal hat es einen Staat gegründet, wobei ich das heutige Palästina als den halben Staat betrachte. Dann wieder hat es sich fast bis zur Unkenntlichkeit verflüchtigt, es hat sich sublimiert und hat sich jedes sichtbaren Eingriffs in die aktuellen Geschehnisse enthalten. Gerade dann aber, in der Form rabbinischen Judentums etwa oder in der Form des Christentums, hat es aufs Tiefste in die Geschichte der Menschheit eingegriffen.

Sie werden vielleicht finden, liebe Freunde, dass diese Betrachtungen spielerisch sind, müßig, vielleicht werden Sie freundlich sagen, sie seien akademisch. Sie sind es nicht. Wenn wir sie nur folgerichtig auf uns selber anwenden, dann führen sie uns weiter.

Was ich sagen will, ist dies: Das Judentum hat sich entwickelt je nach der Geistesrichtung, dem Kulturzustand, dem es sich beigemischt hat. Es ist schlecht geworden, wenn es an ein ungeeignetes Hauptwort geriet. Es hat die bewunderungswürdigsten Resultate ergeben in der richtigen Mischung.

Die Mischung Judentum und populärer Hellenismus hat das Christentum gezeugt. Die Mischung Judentum und arabische Kultur hat eine große Philosophie entstehen lassen. Die Mischung Judentum und spanisch ritterliche Kultur hat ein aristokratisches Geschlecht entstehen lassen von einer bis dahin unerhörten Freiheit des Denkens und von edlen Manieren. Und welch erstaunliche Ergebnisse hat die Mischung Judentum und neunzehntes Jahrhundert gezeitigt, die Mischung Judentum und Liberalismus, deutscher Liberalismus im Besonderen.

Lassen Sie mich – denn das liegt mir natürlich nahe – einige Augenblicke bei diesem letzten Beispiel verweilen. Es sind aus dieser Mischung Judentum und deutscher Liberalismus drei Generationen großer Männer entstanden, von denen wir kühnlich behaupten dürfen: Sie waren es, die unser heutiges Weltbild geformt haben. Es war immer nur eine Gruppe von etwa einer halben Million Juden, die im Deutschland des neunzehnten Jahrhunderts wohnten. Und nun bedenken Sie, wie unendlich viele große Männer dieses Häuflein Menschen hervorgebracht hat. Es waren da Heine und Börne und Mendelssohn und Offenbach, es waren da Schnitzler und Jakob Wassermann, es waren da die Chemiker Willstätter und Haber, es waren da Ärzte wie Wassermann und Ehrlich, Politiker wie Lassalle und Stahl, der Gründer der Deutschen Konservativen Partei, und Rathenau, und es waren da vor allem Marx und Freud und Einstein. Man muss zurückgehen bis auf die Zeiten ganz großer Kulturen, bis auf die Blüte italienischer und englischer Renaissance oder bis auf die große Zeit Athens, um zu finden, dass eine so kleine Anzahl Menschen in weniger als einem Jahrhundert so viele Genies hervorgebracht hat. Die meisten unter Ihnen werden mir beistimmen, dass unter den Männern des neunzehnten Jahrhunderts es vor allem die folgenden vier waren, die unser Weltbild bestimmt haben: Darwin, Marx, Freud und Einstein. Nun, unter diesen vieren waren drei deutsche Juden.

Was ich beweisen wollte, ist: Das Judentum ist adjektivisch, es ändert sich je nach dem Hauptwort, dem es sich beigesellt. Wenn Sie mir bis dahin folgen, welche praktischen Konsequenzen dann ergeben sich daraus für uns?

Ich glaube, wir müssen uns hüten, uns mit der bequemen Phrase zu begnügen, es sei dieser Krieg eine Auseinandersetzung zwischen Demokratie und Diktatur. Wir müssen schon die Dinge sehen, wie sie sind, und uns klarmachen, dass dieser Krieg eine Auseinandersetzung ist zwischen Sozialismus und Faschismus. Gewiss ist, dass das Ende dieses Krieges eine sozialistische Welt oder zumindest ein sozialistisches Europa zeigen wird. Was folgt daraus für das Judentum?

Das Judentum hat hervorragenden Anteil gehabt an der Entwicklung des kapitalistischen Systems, als dieses System nötig war für die Wirtschaft der Welt. Nach dem ersten Krieg hat sich gezeigt, dass die Wirtschaft der Welt versagt, wenn sie nicht neu geordnet wird, wenn sie nicht nach einem neuen Plan geordnet wird. Nun, man braucht kein großer Historiker zu sein, um schon in der Gesetzgebung der Bibel die Forderung einer geordneten Wirtschaft, einer Planwirtschaft zu entdecken. Wohlverstandener Sozialismus und Judentum ergeben eine gute Mischung.

Ihr Präsident Roosevelt hat erklärt: Die politischen Menschenrechte müssen ergänzt werden durch die ökonomischen. Keine Gruppe von Menschen hat seinerzeit aus der Statuierung der politischen Menschenrechte größeren Vorteil gezogen als die Juden. Aber erst die Verkündigung und die Durchsetzung der ökonomischen Menschenrechte wird auch die Juden völlig emanzipieren.

Es kommt also darauf an, dass das Judentum in dem großen Kampf zwischen Faschismus und Sozialismus immer und unverkennbar auf der richtigen Seite kämpft. Die Idee der ökonomischen Menschenrechte ist im Grunde eine jüdische Idee. So wie seinerzeit populärer Hellenismus, später arabische Kultur und spanisch ritterliche, noch später deutscher Liberalismus jene Geistesrichtungen waren, mit denen das Judentum sich zu verbinden hatte, wenn es am Leben bleiben wollte, so ist heute wohlverstandener Sozialismus die Geisteshaltung, zu welcher das Judentum sich bekennen muss, wenn es nicht erstarren will.

Seinerzeit, vor einer entscheidenden Alternative stehend, hat die Judenheit zugelassen, ja, sie hat bewirkt, dass sich das Christentum von ihr abspaltete, wiewohl es Geist von ihrem Geiste war. Das war damals richtig, und das Judentum hat diese Abspaltung überlebt. Der heutigen Form des Humanismus gegenüber, dem wohlverstandenen Sozialismus, der Idee der ökonomischen Menschenrechte gegenüber kann das Judentum nicht gleichgültig bleiben. Es kann sich davon nicht abspalten, es kann diese Idee nicht verleugnen, es muss sich zu ihre bekennen; denn die Idee der ökonomischen Menschenrechte ist im Grunde eine jüdische Idee. Nur wenn das Judentum diesen wohlverstandenen Sozialismus ganz und unverkennbar zu seiner eigenen Sache macht, wird es, dann aber jung und gereinigt, seine jetzige schwerste Krise überleben.

Verfasst 1941 und zuerst englisch veröffentlicht, erschien Feuchtwangers Statement am 1. September 1947 in der »Weltbühne« nebst einer Anmerkung der Redaktion: »Den nachfolgenden Brief Lion Feuchtwangers aus dem Jahre 1941, der heute zu den Fällen Werner Krauss und Veit Harlan besonders aktuell ist, übermittelte uns Frau Dielmann auf Veranlassung des Autors. Wie uns Frau Dielmann mitteilt, beabsichtigt Dr. Feuchtwanger im Frühjahr 1948 nach Deutschland zurückzukehren.«

Diesen Plan konnte Feuchtwanger nicht verwirklichen: Vom Tag seiner Ankunft an stand Feuchtwanger aufgrund seiner Sympathien für den Kommunismus und der Kontakte zur Sowjetunion in den USA unter der Beobachtung des FBI. Seine Bemühungen, US-Bürger zu werden, blieben vergeblich. Nach dem Ende des Zweiten Weltkriegs erwog er die Möglichkeit, nach Europa zu reisen, um die Menschen wiederzusehen, die ihm auf seinem Lebensweg beigestanden hatten, allen voran Bertolt Brecht, der 1948 nach Berlin zurückgekehrt war. Als Staatenloser ohne Pass aber entschied er sich dagegen. Er wollte auf keinen Fall das Risiko eingehen, dass ihm die Rückkehr in die USA verwehrt werden und er ein weiteres Mal ein »mit so viel Mühe eingerichtetes Gehäuse« verlieren könnte.

Offener Brief an sieben Berliner Schauspieler

(1941)

Meine Herren,

ich lese im »Völkischen Beobachter«, dass Sie die Hauptrollen gespielt haben in einem Film »Jud Süß«, der in Venedig preisgekrönt worden ist. Der Film zeigt, berichtet das Blatt, das wahre Gesicht des Judentums, seine unheimliche Methodik und vernichtende Zielsetzung; er zeigt das unter anderm dadurch, dass er vorführt, wie der Jude Süß sich eine junge Frau durch die Folterung ihres Gatten gefügig macht. Kurz, wenn ich das geschwollene, am Bombast des Führers geschulte Geschwafel ins Deutsche übersetze, dann bedeutet es: Sie haben, meine Herren, aus meinem Roman »Power« (Jud Süß) mit Hinzufügung von ein bisschen Tosca einen wüst antisemitischen Hetzfilm im Sinne Streichers und seines »Stürmers« gemacht.

Sie alle kennen meinen Roman »Jud Süß«. Fünf von Ihnen, so viel erinnere ich mich bestimmt, Sie können es aber auch alle sieben gewesen sein, haben in Bühnenbearbeitungen dieses meines Romans gespielt. Sie haben, über Einzelheiten mit mir diskutierend, gezeigt, dass Sie das Buch verstanden haben; Sie haben in Worten der Bewunderung darüber gesprochen.

Nun gewiss, man kann seine Ansicht ändern, und ich

verstehe es, dass Sie nicht zu jenen Korkseelen gehören wollen, die immer auf der Oberfläche ihrer einmal vorgefassten Meinung schwimmen. Sie haben alle in Stücken jenes August Strindberg gespielt, der dargelegt hat, dass sich im Laufe von sieben Jahren der menschliche Körper in jeder seiner Zellen ändert. Strindberg hat freilich unterstrichen, dass innerhalb all dieser körperlichen Änderungen der Geist der gleiche bleibt. Sie, meine Herren, gehen weiter: Sie bewiesen durch Ihr Beispiel, dass der *ganze* Mensch sich verändern kann, das Innen nicht weniger als das Außen.

Diese gründliche Wandlung mag Ihnen nicht ganz leichtgefallen sein. Es mag demjenigen unter Ihnen, der den Juden spielte, »nicht ganz leichtgefallen sein, sich in die schleimig-kriecherische, körperlich und geistig gleich widerliche Gestalt des Juden Süß einzuleben«, wie Ihr Rezensent sich ausdrückt. (Dieser Satz seines Berichtes ist übrigens der einzige, den ich ihm ohne weiteres glaube.)

Wenn wir zusammen probierten, meine Herren, dann haben Sie oft anerkannt, es sei angenehm, mit mir zu arbeiten, ich hätte Verständnis für Sie, ich könnte mich gut in Sie einfühlen. Nun denn, ich versuche auch jetzt, hier von der andern Seite des Ozeans aus, mich in Sie einzufühlen. In Sie, mein glatter, in allen Farben schimmernder Werner Krauß, der Sie »verschiedene Talmudjuden nach- und durcheinanderspielen, jeden einzelnen in Maske, Haltung, Sprache und Gestik mit einer geradezu unwahrscheinlichen Echtheit« (dass diese Echtheit unwahrscheinlich ist, glaube ich ohne weiteres). In Sie, Eugen Klöpfer, in Sie »Sinnbild deutscher Biederkeit«, wie Ihr Berichterstatter Sie nennt; dass man Sie einmal so bezeichnen werde, hätte sich auch keiner von uns je träumen lassen, Sie selber am wenigsten.

In Sie, plumper, polternder, schlauer Heinrich George, der Sie dem Herzog »die behäbig breiten, brutalen Züge eines Genussmenschen geben, nach außen hin ein Kraftmensch, im Grunde aber ein Schwächling«; sicherlich nach neuem und intensivem Studium meines Buches. In Sie, versoffener und sich nach allen Seiten windender Albert Florath, und in Sie, kleiner, höchst wendiger Veit Harlan, der Sie »dafür bekannt sind, dass Sie historische Stoffe eindeutig zu gestalten wissen«; bald eindeutig nach dieser, bald eindeutig nach jener Seite offenbar, und diesmal haben Sie, wie Ihr Berichterstatter hervorhebt, »alle Ihre bisherigen Leistungen übertroffen«.

Ich stelle Sie mir also vor, meine Herren, ich stelle mir vor, wie Goebbels gelegentlich zu einem von Ihnen sagt: »Und da wäre dann noch dieser ›Jud Süß‹. Feuchtwanger hat ihn so populär gemacht, und er hat, objektiv, wie diese Juden nun einmal sind, auch alles so bequem zur Schau gestellt, was sich gegen den Juden ausdeuten lässt. Da könnte man doch einfach hingehen und sich das klauen. Man braucht nur die andern zwei Drittel des Buches zu unterschlagen, und man könnte damit die besten Geschäfte machen.« Apropos, Ihr Chef hat ja schon einmal mit meinem Roman »Power« ein gutes Geschäft gemacht. Da war damals, gerade als er zur Macht gekommen war, eine große, billige Neuauflage von »Power« gedruckt worden. Man hat einige Exemplare davon verbrannt, den Hauptteil der Auflage aber in die Schweiz und nach Österreich verschoben und gute Devisen dafür hereingeholt.

Ich stelle mir also vor, wie man mit diesem Vorschlag zu Ihnen gekommen ist. Sie haben wahrscheinlich zuerst gezögert. Sie haben sich wahrscheinlich gesagt: »Geht das nicht ein bisschen weit? Man kann natürlich auf der Bühne Effekte erzielen, wenn man eine Figur als ihr Gegenteil darstellt, Cäsar als kleinen Dummkopf, Rembrandt als Pfuscher, Napoleon als Trottel und Hitler als großen Mann. Aber das geht doch nur im Lustspiel, und der Goebbels'sche Film will ernst genommen werden.« Allein schließlich hat sich doch wohl der eine oder andre unter Ihnen locken lassen von der Rolle und von der Gage, und der Zweite hat es ihm nachgemacht, und der Dritte hat sich gesagt: »Wenn ich die Rolle ablehne, bekommt sie ein anderer«, und der Vierte hat sich gesagt: »Wenn ich die Rolle ablehne, dann kriege ich Unannehmlichkeiten«, und der Fünfte ist wohl wirklich unter Druck gesetzt worden, und zuletzt also waren Sie alle im Atelier, die meisten unter Ihnen mit etwas schlechtem Gewissen, aber da waren Sie doch alle.

Und nun, meine Herren, wollen wir einmal nicht von Fragen der Überzeugung reden und von Geschmack und von Anstand und von Moral und dergleichen metaphysischem Zeug, sondern »realistisch«, wie es heute bei Ihnen üblich ist. War das, was Sie gemacht haben, gescheit? War es praktisch? Kann nüchtern rechenhafter Verstand es billigen?

Ich fürchte, meine Herren, nicht einmal von diesem Standpunkt aus haben Sie recht gehabt. Ich glaube ernstlich, Sie haben sich verrechnet, und am Ende werden Sie das Opfer Ihrer Überzeugung nur mit schlechtem Geld bezahlt bekommen haben, mit Inflationsgeld sozusagen.

Einige unter Ihnen haben mir diese sieben Jahre hindurch immer wieder durch Vertrauensleute versichern lassen, im Grunde seien Sie natürlich Nazi-Gegner, und wenn Sie in Deutschland blieben, dann nur um den vom Regime Verfolgten zu helfen und schlimmste Dummheiten und Grausamkeiten zu mildern. Manchmal haben Sie sich dergleichen wohl selber vorgemacht, aber der Hauptgrund, aus dem Sie mir solche Erklärungen zukommen ließen, war wohl die Absicht, sich zu sichern für den Fall des Falles. Denn an die tausend Jahre des Führers hat auch nicht der Dümmste unter Ihnen geglaubt, und sechs von Ihnen sind gar nicht dumm.

Und nun überlegen Sie einmal, meine Herren: wenn Sie nicht an diese tausend Jahre glauben, haben Sie dann nicht eine ganz kolossale Dummheit gemacht? Wenn Sie bis jetzt in irgendeinem albernen Nazi-Stück gespielt haben, dann durften Sie sich sagen: »Dieses Stück wird schnell wieder verschwinden, und wenn einmal das Regime vorbei ist, dann wird von dem Stück und unserer Mitwirkung nurmehr ein schwaches Hörensagen sein.« Jetzt aber haben Sie diesen dicken Film gedreht, diesen »Spitzenfilm«, in ganz großer Aufmachung. In diesem Fall also wird man, wenn es einmal so weit sein wird, nicht auf Berichte angewiesen sein, sondern man wird genau und mit eigenen Augen und Ohren nachkontrollieren können, was eigentlich Sie gemacht haben. Man wird mit Aug und Ohr nachprüfen können, wie Sie alle dazu beigetragen haben, die Geschichte jenes Juden, von dem Sie alle wussten, dass er ein großer Mann war, ins genaue Gegenteil zu verkehren. Und Sie werden nicht die bescheidenste Ausrede haben; denn Sie sind sich alle klar darüber gewesen, dass von Anfang an hinter diesem Film nicht die Spur eines künstlerischen Willens stand, sondern nur eine Tendenz, deren Dummheit und Gemeinheit Ihnen allen bewusst war.

Wird Ihnen nicht ein bisschen ungemütlich bei der Vorstellung, dass die andern, dass wir uns diesen Ihren Film anschauen, wenn das tausendjährige Reich verduftet ist? Finden Sie nicht, dass es, auf lange Sicht, doch ein bisschen töricht war, dass Sie in diesem »Jud Süß« mitgespielt haben? Sagen Sie nicht, Sie hätten sich ohne schwere Folgen nicht weigern können. Die gleiche Klugheit, die Ihnen seinerzeit geraten hat, mir die Versicherungen abzugeben, von denen ich soeben sprach, hätte Sie, wenn Sie es nur gewollt hätten, sicherlich plausible Vorwände finden lassen, sich von diesem Schandwerk zu drücken. Aber Sie haben es eben nicht gewollt, Sie haben die Rolle gewollt, die Gage.

Sie lieben den Beifall, Ihr Herz und Ihr Ohr dürstet nach Applaus. Gewiss hat der Applaus, der zuerst in Berlin und dann in Venedig Ihnen zuteil wurde, für eine kurze Weile die unbehaglichen Stimmen übertäubt, die sich – ich nehme es zu Ihren Gunsten an – in Ihnen regten. Allein selbst dieser Beifall dürfte bald einen unangenehmen Unterton gehabt haben.

Da berichten zum Beispiel die Zeitungen von einem Soldaten auf Urlaub, der sich diesen Ihren Film hat ansehen wollen. Doch ehe die Vorführung zu Ende war, kamen die Flieger und die Bomben und verhinderten ihn, mitanzuschauen, wie der Jude gehängt wurde. Aber er wollte ihn gerne gehängt sehen, und so ging er ein zweites Mal in den Film. Allein auch diesmal musste die Vorführung unterbrochen werden, bevor der Jude gehängt war, und der Soldat musste schließlich aus seinem Urlaub zurück, und der Jude war immer noch nicht gehängt.

Ich kann mich in Sie einfühlen, und ich kann mir vorstellen, dass Sie das nachdenklich gemacht hat. Sie wohnen in vornehmen Stadtvierteln, meine Herren, und die Unterstände, in die Sie sich zurückziehen, wenn die englischen

Flieger kommen, sind sicher relativ bequem. Aber so bequem doch nicht, dass Sie nicht manchmal mit Sehnsucht zurückdächten an die friedliche Zeit, da Sie noch mit jüdischen Regisseuren und Direktoren arbeiteten und da jüdische Kritiker das, was Ihnen gelang und was Ihnen missglückte, aburteilten nicht nach den Regeln politischer Taktik, sondern nach den Regeln der Kunst.

»Lebt man, sieht man die Menschen, dann zerreißt das Herz oder es vereist«, hat einmal ein großer französischer Autor gesagt in Zeiten, die den unsern ähnlich waren. Zerrissen sind Ihre Herzen offenbar nicht. Aber wenn Sie Ihre Spitzenleistung »Jud Süß« vergleichen mit dem guten Theater, das wir vor Hitler in Berlin gemacht haben, dann spüren Sie vielleicht doch ein sonderbares Knacken in Ihren vereisten Herzen.

Wir werden uns wiedersehen, meine Herren, in Berlin, in einer Zeit, die vielleicht gar nicht so fern ist. Ich sehe Sie schon, wie Sie dann ankommen, ein Lächeln um Ihre Lippen, ein fröhliches, befreites Lächeln, das Ihnen sicher gut glücken wird, denn Sie sind ja gute Schauspieler. Aber in Ihren dann wieder beträchtlich aufgetauten Herzen wird Unsicherheit sein. Sie werden diese peinvolle Ungewissheit zu vertreiben suchen durch mutwillige Zuversicht. Sie werden daran denken, dass wir immer großzügig waren, liberal. Aber zählen Sie, bitte, nicht zu fest darauf, meine Herren, dass wir auch diesmal die gleiche geradezu trottelhafte Toleranz betätigen werden. Rechnen Sie nicht darauf, dass auch diesmal alles gut gehen wird und dass Sie werden tun können, als wäre nichts gewesen.

Nicht als ob wir rachsüchtig wären. Vielleicht zwar werden wir uns das Vergnügen machen, Sie zu zwingen, sich zusammen mit uns solche Filme anzuschauen wie Ihre Spitzenleistung »Jud Süß«. Aber das wird auch unsere ganze Vergeltung sein. Es ist nicht unsere Rachsucht, die Sie, wahrscheinlich, verhindern wird, mitzuwirken an dem guten Theater, das wir, sehr bald wieder, in Berlin aufzurichten gedenken. Es sind andere Gründe, aus denen ich bezweifle, dass wir Sie noch werden brauchen können.

Es ist dies: man kann, fürchte ich, nicht sieben Jahre hindurch gesinnungsloses, schlechtes Theater machen, ohne dass man an Talent einbüßt. Sonderbarerweise verlumpt gleichzeitig mit der Seele auch die Kunst. Sonderbarerweise kann ein guter Schauspieler nicht gegen seine Überzeugung spielen, ohne ein weniger guter Schauspieler zu werden.

Sie mögen große Gagen beziehen, Ihr Publikum heute mag vielleicht keinen Unterschied merken. Aber wenn wir wieder da sein werden, wenn Sie wieder in unsern Stücken zu spielen haben werden und unter unserer Regie, dann, seltsamerweise, wird sich zeigen, dass Sie nicht die Gleichen geblieben sind. Nein, so wie, während der leibhaftige Dorian Gray unverändert blieb, sein Bild sich schrecklich veränderte, so werden Sie zwar in Ihrem Äußeren unverändert scheinen, doch Ihre Kunst wird, fürchte ich, die Spuren der Mitwirkung an solchen Filmen wie diesem »Jud Süß« zeigen.

Und nun werden Sie also meinen Brief lesen, und Sie werden die Achseln zucken und sich bemühen, ihn nach einer Stunde vergessen zu haben. Und wenn wir uns wiedersehen, dann werden Sie sagen: »Und erinnern Sie sich, lieber Feuchtwanger, Sie haben uns da ja so einen ulkigen Brief geschrieben.« Dann aber werden Sie mit Erstaunen merken, dass dieser Brief gar nicht so ulkig war.

Bis es so weit ist, meine Herren, nutzen Sie Ihre Zeit. Ich fürchte, ich hoffe, es ist nicht mehr viel Zeit. Und wenn *Sie* sich verändert haben, meine Herren, *ich* werde Ihnen entgegentreten können als

Ihr alter
Lion Feuchtwanger

Veröffentlicht unter dem Titel
»The Rise and Fall of German Jewry«,
in »Jewish Mirror«, August 1942.

Glück und Ende der deutschen Juden
(1942)

1

Das Schicksal der Juden in Deutschland während der Wende des neunzehnten und des Beginnes des zwanzigsten Jahrhunderts scheint überaus bizarr; sie stürzten aus höchster wirtschaftlicher, sozialer und geistiger Blüte jäh und überraschend in die äußerste Entrechtung; viele von ihnen werden versklavt, viele ausgerottet. Ihr Geschick scheint launisch, einmalig. Trotzdem werden spätere Geschichtsschreiber wahrscheinlich Gründe anführen können, welche diese Wendung zwangsläufig, ja, typisch erscheinen lassen.

Der deutsche Feudalismus, der sich länger hielt als der der westeuropäischen Länder, hatte seine Juden mit jovialer Gewalttätigkeit behandelt, wie eben ein großer launischer Herr mit seinen Leibeigenen verfährt. Dem liberalen Bürgertum, das in Deutschland während des neunzehnten Jahrhunderts langsam hochkam, waren in seinem Kampf gegen den Feudalismus pathetische humanisierende Abhandlungen für die Juden eine willkommene Waffe; doch blieb ihm die Lösung der Judenfrage eher ein Thema wohlklingender Deklamationen als ein Gegenstand ernsthafter Bemühung. Das numerisch sehr starke deutsche Kleinbürgertum ist besessen von Vorurteilen, der Jude war und ist ihm tief verdächtig, ein Wesen, mit dem sich gerne seine aufgeregte Hintertreppenphantasie befasst, ohne dass der Verstand kritisierend eingreift.

2

Deutscher Geist und jüdischer Geist haben einander von Anfang an angezogen und starke Wechselwirkung ausgeübt. Der bedeutsamste Niederschlag geistigen Gruppenlebens bleibt die Sprache. Die deutsche Sprache ist atmosphärisch, farbig, vieldeutig; sie weicht zugunsten der Weite eines Begriffes gerne einer letzten Klärung und Begrenzung dieses Begriffes aus. Mir scheint, dass dieses Weite, Atmosphärische der jüdischen Geisteshaltung besonders entgegenkommt.

Jedenfalls hat keine europäische Sprache die Juden so heftig angezogen und so tief beeinflusst wie die deutsche. Als Deutschland seine Juden austrieb, nahmen die Verfolgten die geliebte Sprache des harten Landes mit und behielten sie treulich weiter vom vierzehnten Jahrhundert bis heute. Es muss ihnen also wohl diese Sprache als ein geeignetes Werkzeug erschienen sein, ihre geistige Welt auszudrücken, und die größten geistigen Leistungen der Juden der letzten Jahrhunderte wurden in der deutschen Sprache erreicht; mit Ausnahme Spinozas haben die Juden, welche in diesen letzten Jahrhunderten Weltgeltung erlangten, alle deutsch geschrieben, Heine, Marx, Freud, Einstein. Es waren Juden, welche in vielen entscheidenden Fällen große deutsche Leistungen am intensivsten aufnahmen, verbreiteten, verkündeten. Und einen wie großen Anteil Juden an der Erforschung der deutschen Sprache und Literatur hatten, ist außerhalb Deutschlands kaum bekannt. Ein Blick auf die Entwicklung der deutschen Sprach- und Literaturwissenschaften in den letzten Jahren zeigt, wie traurig diese Disziplin mit der Ausschaltung der Juden verarmte.

Es blieb aber diese Liebe der Juden zum deutschen Geist keineswegs einseitig. Vielmehr hat das Hebräische die Deutschen außerordentlich stark beeindruckt, und der Einfluss der Bibel macht sich von der Sprache des Ulfilas über die Sprache Luthers und Goethes bis in die »Sprache« Hitlers geltend. Wenn der Gotenbischof Ulfilas die Bücher der Könige aus seiner Bibelübersetzung wegließ, weil sie seine kriegerischen Deutschen noch kriegerischer machen würden, so beweist das, dass seine Bibel Einfluss haben musste. Mühelos zu beobachten ist, wie gewaltig auf dem Umweg über die Luther'sche Übersetzung die Bibel die deutsche Sprache und den deutschen Geist umformte. Goethe hat nicht nur die Bibel studiert und das Hohelied schlecht übersetzt, er hat sich auch mit der Sprache der zeitgenössischen Juden befasst, er fand sie »pathetisch«. Und das jüdisch-christliche Element ist aus dem Faust nicht wegzudenken, es bestimmt seinen Anfang und sein Ende.

3

Ich sprach von der Wechselwirkung deutschen und jüdischen Geistes. Wie die germanische Philologie Juden außerordentlich viel zu verdanken hat, so dankt die Bibelkritik ihre besten Leistungen deutschen Historikern und Philologen.

Am stärksten indes wird diese Wechselwirkung sichtbar dort, wo sich deutscher und jüdischer Geist unmittelbar durchdringen. Die Berührung romanischen und angelsächsischen Geistes mit jüdischem hat reiche Frucht getragen, doch bei weitem die reichste die Mischung deutschen Geistes mit jüdischem. Keinerlei äußeres Hindernis hat die Juden abschrecken können, ihr Wesen mit deutscher Geistigkeit zu durchtränken, und wenn der jüdische Minnesänger Süßkind von Trimberg etwas Rührendes und ein wenig Lächerliches hat, so ist er nur der Vorläufer eines Heereszuges deutscher Juden, deren Leistungen einen immer stärkeren Anteil hatten an der Gestaltung der ganzen deutschen Kultur.

Als gar die Emanzipation die Mauern der Ghettos niederbrach, als die Juden dieser Ghettos, die deutschen wie die östlichen, bisher angewiesen auf das geistige Brot eines engen Rabbinismus, sich plötzlich zugelassen sahen an der reich besetzten Tafel westlichen Wissens, stürzten sie sich ausgehungert darüber her. Die neue Nahrung bekam ihnen gut und gab ihnen die Kraft außerordentlicher Leistung.

Es waren ihrer nicht allzu viele, die da wirklich ins geistige Leben Deutschlands vorstoßen konnten. Die äußeren Schwierigkeiten, die sich der Zulassung entgegenstellten, waren immer noch recht ansehnlich, sie bewirkten von vornherein eine Auslese. Allein gerade diese Auslese förderte die Qualität der Leistung, zudem floss der deutschen Judenheit aus dem unerschöpflichen Reservoir der Ostjuden immer neue Kraft zu, auch sie erhöht durch Auslese. So vollbrachte denn die deutsche Judenheit im neunzehnten Jahrhundert eine geistige Leistung, deren Höhe und Intensität die Geschichtsschreibung noch nicht zur Kenntnis genommen oder doch zumindest noch nicht gewürdigt hat.

Denn man mache sich klar: die Zahl der im deutschen Sprachgebiet lebenden Juden betrug von Beginn der Emanzipation bis zu ihrem Ende, also von Napoleon bis Hitler, niemals mehr als, hoch gerechnet, eine Million Menschen, meistens blieb sie hinter dieser Ziffer weit zurück. Wo aber in der Geschichte der neueren Welt gibt es eine Gruppe, die, zahlenmäßig so gering, im Laufe eines einzigen Jahrhunderts der Welt so viel Reichtum an Geist geschenkt hätte wie im Laufe dieser Zeit diese winzige Gruppe deutscher Juden? Man muss zurückgehen zur Renaissance oder ins klassische Griechenland, um eine Entsprechung zu finden. Da hat im Laufe eines einzigen Jahrhunderts eine Menschengruppe, nicht umfangreicher als der siebente Teil der Einwohner der Stadt New York, hervorgebracht die Männer Karl Marx und Sigmund Freud und Albert Einstein, August von Wassermann und Paul Ehrlich und Fritz Haber und Heinrich Hertz, Felix Mendelssohn und Jacques Offenbach und Gustav Mahler, Heinrich Heine und Jakob Wassermann und Arthur Schnitzler. Kann man sich die Leistungen dieser Männer aus der Geschichte unserer Zivilisation, kann man sich ihre Erkenntnisse aus unserm Weltbild wegdenken?

4

Die Bedingungen für eine auch materiell glückliche Entwicklung der Juden lagen in Deutschland sehr günstig. Das Bürgertum hatte endlich eine Bresche geschlagen in die Herrschaft des Feudalismus, die Stellung des Einzelnen in der Gesellschaft wurde nicht mehr bestimmt von ererbtem Privileg, sondern von der Leistung. Da hatten die Juden eine gute Chance. Rasch klommen sie hoch, und wie im geistigen, so spielten sie auch im materiellen Leben der Nation eine wichtige Rolle, in der Industrie, in der Technik, im Handel.

Diese ganze üppige Entwicklung vollzog sich im Lauf weniger Jahrzehnte, sie war treibhausartig, und die Gefahren dieser treibhausartigen Entwicklung wurden allmählich vielen sichtbar, nicht aber den deutschen Juden selber. Hatten sie nicht einen festen und sicheren Platz im Leben ihres Landes errungen? Lagen ihre Verdienste nicht für jedermann offen zutage? Sie hatten einen starken Anteil an der Entwicklung deutscher Technik und Industrie, sie hatten das deutsche Volksvermögen außerordentlich vergrößert, sie hatten unendlich viel beigetragen zur Weltgeltung der deutschen Kunst und Wissenschaft. Sie hatte im letzten Krieg unverhältnismäßig viel Auszeichnungen erworben, unverhältnismäßig viele Tote gehabt. Zudem hatte, nachdem man die Geschichte des letzten Krieges übersehen konnte, der erste englische Sachverständige erklärt, die Leistung von vier Männern habe bewirkt, dass die deutsche Armee so lange gegen die ganze Welt habe aushalten können, und von diesen vier Männern waren drei Juden gewesen.

Nach alledem fühlten sich die Juden grenzenlos sicher. Sie nahmen an, eine Judenfrage existiere nicht mehr, das Ziel der Emanzipation sei erreicht. Sie vergaßen, dass sie Juden waren, eine winzige Minorität und gefährdet. Rasch und gründlich verloren sie den sicheren psychologischen Instinkt, den ihre Väter besessen hatten, die Juden des Ghettos. Es verschwand ihnen das instinktive Wissen, immer in Gefahr zu sein, jenes Wissen, das ihre Väter befähigt hatte, die Mächtigen richtig zu behandeln, der Gefahr zu entrinnen.

Dabei waren es doch diese deutschen Juden, die Freud hervorgebracht hatten, den Mann, der tiefer als alle vor ihm erkannt hatte, wie affektgebunden alles menschliche Handeln und alle menschlichen Beziehungen sind. Den deutschen Juden wurde der Wunsch zum Vater des Gedankens, sie wiegten sich in der Überzeugung, im zwanzigsten Jahrhundert regle Logik und Verstand die Beziehungen zwischen den Menschen, die Beziehungen also zwischen ihnen und der übrigen Bevölkerung des Landes. Sie vergaßen, wie affektgeladen notwendig die Beziehungen der großen Majorität der Bevölkerung zu der winzigen Minorität der Juden von Anfang an sein mussten und welche Gefahren für sie diese Affektgeladenheit barg.

5

Schon in jenem Deutschen, der als Erster jüdischen Geist und deutschen zu verschmelzen gesucht hatte, schon in dem Bibelübersetzer Martin Luther hatte sich geradezu beispielhaft die Ambivalenz des Gefühls gezeigt, das die Deutschen den Juden entgegenbrachten. Tief zweideutig ist die Stellung Luthers zu den Juden. Der gleiche Luther, der die judenfreundliche Schrift verfasst hatte: »Dass Jesus Christus ein geborener Jud sei«, schrieb auch die wüste Schmähschrift: »Von den Jüden und ihren Lügen«. Er versuchte die Juden freundlich und gewalttätig zugleich zu seiner Lehre zu bekehren, und als ihm das misslang und als ihm gar einzelne Juden Fehler in seiner Bibelübersetzung nachwiesen, erwiderte er diese Kritik mit der Aufforderung an die Fürsten, die Juden aus ihren Ländern zu vertreiben, und den adeligen Pogromhelden, welche über die Juden herfielen, rief er zu: »Schindet sie ohne Gnade.«

Affektgeladen sind die Äußerungen der meisten großen Deutschen über die Juden. Da sind manche voll von kritikloser Bewunderung wie Lessing, der sie beurteilt, als ob sie lauter Moses Mendelssohns wären, oder wie Nietzsche, der sie leidenschaftlich gegen die Deutschen ausspielt. Andere zeigen eine ebenso sinnlose Feindseligkeit, Richard Wagner etwa, der seinen Ärger über die Erfolge Meyerbeers, Mendelssohns und Offenbachs in Hassgesänge gegen alles Jüdische ausströmen lässt. Goethes Anmerkungen über die Juden und Jüdisches sind von allem, was er geäußert, das am wenigsten Balancierte. Er ist von Juden angezogen und bleibt ihnen gegenüber misstrauisch sein ganzes Leben hindurch. Er sagt über sie sehr Tiefes und sehr Abstruses und beweist im Ganzen eine bestürzende Ignoranz in Bezug auf jüdisches Wesen und jüdische Dinge. Schopenhauer lässt sich die Bewunderung, welche Juden ihm entgegenbringen, und ihre Förderung gerne gefallen, um dann ihre Dienste mit grimmigen, stacheligen, höchst unwissenschaftlichen Aussprüchen zu lohnen. Grillparzer ist Juden gegenüber von brummigem Misstrauen und dann hingerissen von der ersten Jüdin, mit der er sich in ein längeres Gespräch einlässt. Es ist erstaunlich, welchen Mangel an Sachlichkeit, ja auch an Willen zur Sachlichkeit die sonst so gründlichen Deutschen zeigen, sowie es um die Juden geht.

6

Andernteils entbehrt auch, was deutsche Juden selber über ihr Judentum zu sagen haben, fast immer der Sachlichkeit. Wenn sich Heine über Juden äußert, wird er hin- und hergezerrt von widerstrebenden Empfindungen; was er über Juden zu sagen hat, ist gefärbt von Hass oder von Liebe. Der Unmut, die Beiläufigkeit, die Flachheit, die Einseitigkeit, welche Karl Marxens kleiner Essai »Zur Judenfrage« zeigt, sticht sehr ab von der tiefen, scharfen, umfassenden Logik seines übrigen Werks. Der kleine Essai beweist, dass

Marx nichts anzufangen wusste mit seinem Judentum, dass er einer ernsthaften Auseinandersetzung damit aus dem Wege ging. Sigmund Freuds Äußerungen über jüdische Dinge sind unbehaglich, er, der sonst mit solcher Freude in die Tiefe seiner Probleme taucht, streift hier immer nur die Oberfläche. Marxens und Freuds Aussprüche zum Judentum beweisen, dass ihnen das Problem tief unbehaglich ist. Später trieb der Selbsthass der Juden in Deutschland immer strotzendere Blüten. Weininger und andere deutsche Juden haben Kapitel über das Judentum geschrieben, die nichts sind als manische Anklagen.

7

Wenn schon die besten und einsichtigsten unter den deutschen Juden ihren sonst so hellen Verstand nicht anwenden wollten, sowie es sich um Jüdisches handelte, so drückte sich die Masse der deutschen Juden mit noch größerer Scheu vor einer ernsthafteren Erörterung des Problems, wieweit denn ihr Judentum ihre äußere und ihre innere Situation bestimme. Sie saßen dick, warm und faul in ihrer vermeintlichen Sicherheit. Sie wollten nicht geweckt sein, wollten die Augen nicht auftun. Sie wollten nicht daran erinnert werden, dass sie eine äußerst problematische, ihre Sicherheit gefährdende Eigenschaft besaßen, nämlich ihr Judentum.

Kaum je konnte man von einem deutschen Juden eine halbwegs klare, vernünftige Äußerung erhalten auf die Frage: wie verhält sich Ihr Deutschtum zu Ihrem Judentum? Mit Ausnahme der beiden extremen Gruppen, der radikalen Assimilanten nämlich und der radikalen Zionisten, trieben die deutschen Juden Vogel-Strauß-Politik. Sie wollten es einfach nicht hören, sie wollten es nicht wahrhaben, dass die Beziehungen ihrer Umwelt zu ihnen mit Affekten geladen waren.

Als ich 1929 meinen Hitler-Roman »Erfolg« veröffentlichte, wurde ich von der Mehrheit der deutschen Juden wüst angegriffen. Von allen Seiten schrie man auf mich ein: Hitler und seine Partei, das bedeute doch nichts, da sei doch keinerlei Gefahr, ich sähe Gespenster, ich übertriebe maßlos, es sei am besten, von solchen Dingen überhaupt nicht zu reden. Und als ich 1933, nachdem Hitler an der Macht war, in der angelsächsischen Presse über die ersten Judenverfolgungen berichtete, da war die Reaktion unter den deutschen Juden ganz ähnlich. Sie schickten mir dringliche Botschaften, ich möge doch schweigen, ich möge doch den Reichskanzler nicht reizen, der und seine Leute seien im Grunde ganz umgängliche Herren, mit denen man sich am besten friedlich auseinandersetze. Auf solche Art beschworen mich Leute, die, wenn es um ihre Wissenschaft ging oder um die Leitung großer Geschäftsunternehmen, klaren Blick und viel Einsicht bewiesen. Völlig blind waren sie, sowie es um das Problem ihres Judentums ging. Daher die ungeheure, tragische und groteske Überraschung, als die Dinge jene schauerliche Wendung nahmen, die sich jedem längst angekündigt hatte, der nur den Willen zur Sachlichkeit aufgebracht.

8

Es ist eine sehr nahe Vergangenheit, von der ich spreche. Trotzdem kann man ohne Gefahr, von späterer Erkenntnis widerlegt zu werden, heute schon Folgendes mit einiger Sicherheit behaupten. Man kann das Schicksal der deutschen Juden nicht erklären, wenn man zu seiner Deutung nur die Prinzipien Karl Marxens, und ebenso wenig, wenn man nur Prinzipien Sigmund Freuds heranzieht. Jede einzelne Phase dieses merkwürdigen Schicksals wird klar nur dann, wenn man sie zu erklären versucht aus wirtschaftlich politischen und gleichzeitig aus psychologischen Zusammenhängen. Dann aber wird das Schicksal der deutschen Juden, so bizarr und einmalig es scheint, auf einmal typisch, und die deutschen Juden, ihre Gesamtheit sowohl wie ihre großen Einzelnen, werden Vorbild und Warnung in einem.

Deutsches Originaltyposkript, datiert vom 21. November 1942, veröffentlicht unter dem Titel »Hitler y los judios« in dem von Hannes Meyer herausgegebenen Schwarzbuch über den Naziterror in Europa (»El libro negro del terror nazi en europa«), das 1943 im mexikanischen Exilverlag El libro libre erschien.

Caliban – Hitler und die Juden
(1942)

Die Ersten, welche den Hass Hitlers und der Nazis zu spüren bekommen haben, waren die Juden. Und wohin immer die Nazis vordrangen, die Juden waren die Ersten, auf welche sie losschlugen. Und welche Qualen immer sie für die Unterworfenen ersannen, für die Juden dachten sie sich die schlimmsten Verschärfungen aus.

Man kann für diese besondere Ächtung der Juden allerlei politische Gründe konstruieren. Da sagen etwa einige: Das Wesen des Nazi-Staats ist Unterdrückung. Wo Nazis herrschen, fühlt sich der weitaus größte Teil der Bevölkerung unterdrückt. Die Herrschenden aber brauchen ein Ventil für den Groll dieser Unterdrückten. So sondern sie eine beliebige Gruppe aus und erniedrigen sie noch tiefer als alle andern. Dadurch fühlen sich diese andern erleichtert und als Herren; denn so können sie, die Getretenen, ihresteils treten. Andere sagen: Die Nazis brauchen einen ungeheuern Futtertrog, um ihre gierigen und nie zufriedenen Mitläufer zu verköstigen. Sie wollen einfach das Vermögen der Juden für sich und ihre Anhänger verwenden und die Ihren einsetzten in die Stellungen, welche die Juden innehatten. Wieder andere führen aus, die Pogrome seien Ablenkungsmanöver, die Juden seien die tauglichsten Sündenböcke für die vielen Sünden der Nazis.

Alle diese Gründe klingen nicht recht stichhaltig. Sie erklären nicht die besondere Intensität und das ausgeklügelte Raffinement, mit welchem die Nazis gerade die Juden verfolgen. Auch die Mächte, die hinter den Nazis stehen, die sie in den Sattel gehoben haben, jene Mächte, von denen die Nazis nach wie vor abhängig sind, Schwerindustrie, Großagrarier, Generalstab, sind keineswegs betont antisemitisch, und die Brutalität und Vulgarität der Judenverfolgungen stört diese Mächte mehr, als dass sie sie erfreute. Nein, der Terror der Nazis gegen die Juden hat nichts mit Politik zu tun, seine Wurzeln liegen woanders.

Dieser Terror ist begründet im Wesen der Nazis. Ihr Hass stammt aus ihrem Minderwertigkeitsgefühl, er ist biologisch, nicht politisch. Alle andern Meinungen und Äußerungen Hitlers sind mehr oder minder zufällig, sie sind orientiert nach den Erfordernissen seiner Machtpolitik. Sein Hass gegen die Juden entspringt aus seinem Wesen. In allen andern Fragen hat Hitler unzählige Kompromisse gemacht, keinen seiner andern Programmpunkte hat er durchgeführt: doch in der Verfolgung der Juden ist er konsequent geblieben.

Gerade weil der Hass der Nazis gegen die Juden nichts mit Politik zu tun hat, äußert er sich mit solcher Heftigkeit, mit so beispielloser Grausamkeit. Von Anfang an war die Bewegung der Nazis ein Aufstand der Minderbegabten gegen die Begabten. In den Juden sahen sie die Repräsentanten jenes Intellektualismus, den sie verhöhnten, weil er ihnen nicht erreichbar war. In dem Augenblick, da sie an die Macht kamen, konnte sich der infernalische Hass der

Zukurzgekommenen austoben an diesen »Intelligenzbestien«.

Vernünftigere Mitarbeiter der Nazis haben ihnen immer wieder vorgestellt, dass der Terror gegen die Juden auf längere Sicht nur Schaden bringen könne. Allein die Nazis waren solchen politischen Erwägungen unzugänglich. Sie sind im Grunde keine Politiker, sie sehen in der Macht nichts als ein Mittel, sich persönlich auszuleben. Darum ließen sie und lassen ihre sadistische Wut gegen die Juden sinnlos aus, wiewohl ihnen das nur Schaden bringen konnte.

Es steckt fraglos hinter dem Hass der Nazis etwas Pathologisches, Atavistisches, ein primitiver Zerstörungstrieb. Sehr häufig äußert sich diese Wut in Maßnahmen, die jeder Zweckmäßigkeit entbehren, in grotesken Ausbrüchen sinnloser Bosheit. Was für einen Nutzen konnte es den Nazis bringen, wenn sie die Juden zwangen, sich auf besondere gelbe Bänke zu setzen, oder wenn sie jedem männlichen Juden von Amts wegen den Namen Israel, jeder Jüdin den Namen Sara beilegten? Welchen ökonomischen oder politischen Wert oder ideologischen Vorteil konnten sie sich davon versprechen, wenn sie eine Reihe von fremdartig klingenden Vornamen erfanden, sie als »biblisch« bezeichneten und den Juden vorschrieben, sie dürften ihre Kinder fortan nur mit diesen Namen benennen? Und welchen Vorteil hatten sie davon, wenn sie den Juden das Tragen gelber Flecken aufnötigten oder sie zwangen, öffentliche Parks, Bürgersteige, bestimmte Straßen zu meiden? Alles das ist nichts als eine Ausgeburt absurder, sich selbst überschlagender Bosheit.

Mir scheint, gerade solche Schnörkel beweisen, dass den Maßnahmen der Nazis gegen die Juden eine Art Irrsinn zugrunde liegt. Sie haben denn auch darauf verzichtet, die Ächtung der Juden mit dem Verstand zu begründen. Die Argumente, die sie dafür anführen, sind rein emotional. Sie haben nicht das Geringste mit Logik und Realität zu tun. Sie bleiben wirkungslos, wenn sie mit gesundem Menschenverstand überprüft werden. Alles, was Hitler in »Mein Kampf« äußert, um die Diskriminierung der Juden zu begründen, ist fern aller Logik. Da gibt er eine blutrünstig hintertreppenhafte Schilderung, wie sinnliche Judenjungen harmlosen Christenmädchen auflauern, oder er führt aus, wie Juda in seinem Kampf um die Weltherrschaft auf das tapfere Japan stößt, Tatbestände also, die nur in Hitlers Kopf existieren. Oder er ahmt auf der Rednerbühne das Gemauschel von Juden nach, so wie er sichs vorstellt, wie aber niemals in Deutschland einer einen Juden hat reden hören. Oder aber er und andere Nazi-Führer erklären, Karl Marx habe eigentlich Isidor Mardochai geheißen. Karl Marx hat nun einfach Karl Marx geheißen, und man fragt sich, was es gegen die Juden und gegen ihn selber besagte, wenn er wirklich Isidor Mardochai geheißen habe. Es ist offenbar so, dass die Nazis aus irgendwelchen dunkeln, dem Verstand fernliegenden Gründen glauben, solche Behauptungen ließen ihre Gegner besonders lächerlich, verächtlich und vernichtenswert erscheinen.

Der Antisemitismus der Nazis hat also nichts mit der Vernunft zu tun, gerade darum wirkte er sich so schauerlich aus. Die Nazis haben die Juden, die in ihrer Hand waren und die in ihre Hand fielen, mit der Methodik von Wahnsinnigen verfolgt, mit Quälereien, wie sie die Geschichte der Menschheit vorher nicht kannte. Sie haben ihre Opfer auf ausgesuchte Art gemartert, sie bringen sie nicht einfach um, sondern langsam, methodisch, gründlich, mit nordischer List. Sie haben viel Scharfsinn aufgewandt, die Ghettos, in welche sie die Juden Europas sperren, zu besondern höllischen Stätten zu machen, sie haben tausend ingeniöse Methoden ausgeklügelt, ihr Vorhaben, die Juden Europas auszurotten, nicht schlicht und gerade durchzuführen, sondern auf verschlungenen Umwegen, sodass sie die Vernichtung der Verhassten langsam und genießerisch auskosten können.

Die Nazis haben das getan, nicht die Deutschen. Es ist Unsinn, zu behaupten, das deutsche Volk sei antisemitischer, sadistischer als irgendein anderes. Im Gegenteil, gerade in Deutschland hat die Zusammenarbeit von Juden und Nichtjuden die denkbar schönsten Früchte getragen, für beide Teile. Überall arbeiteten, bevor die Nazis an die Macht kamen, Juden und Nichtjuden harmonisch zusammen, und das neunzehnte Jahrhundert und der Beginn des zwanzigsten weist eine Reihe höchster kultureller Leistungen auf, vollbracht von deutschen Juden, welche Deutschen und Juden in gleicher Weise zur Zierde gereichen. Karl Marx und Sigmund Freud und Albert Einstein, Felix Mendelssohn und Jacques Offenbach und Gustav Mahler, Heinrich Heine und Jakob Wassermann und Arthur Schnitzler kann man sich aus der Geschichte der deutschen Kultur schwerlich wegdenken, und Deutsche und Juden waren stolz auf ihre Leistung.

Die Nazis fanden denn auch für ihre Bemühungen, Judenhass zu verbreiten, in Deutschland keinen guten Boden. Das deutsche Volk in seiner weitaus größten Mehrheit behielt seine Vernunft, und während der Judenverfolgungen bezeugten Unzählige den Juden ihre Sympathie trotz der damit verbundenen Gefahr. Sie verstanden nicht, wieso diese Juden, mit denen sie den größten Teil ihres Lebens im besten Einvernehmen zusammengearbeitet hatten, auf einmal Verbrecher und minderwertig geworden sein sollten. Sie begriffen nicht, warum gerade dieser winzige Teil der Bevölkerung schuld sein sollte am Kapitalismus und am Bolschewismus, am schlechten Krieg und am schlechten Frieden.

Gerade die ungeheuerliche Brutalität, mit welcher sich der Judenhass der Nazis äußerte, hat vielen Deutschen Anlass gegeben, sich abzusondern von jener Gruppe, die zurzeit die Macht in der Hand hält.

Es ist schon so, jene Ausbrüche des Judenhasses, vor denen die Welt schaudernd zurückweicht, sagen nichts aus für das Wesen der Deutschen. Wohl aber bleiben sie für alle Zeiten verräterisch für das Wesen der Nazis. Terror gab es immer und überall, Judenverfolgungen gab es immer und überall: aber Terror um seiner selbst willen, Judenverfolgungen, veranstaltet ohne jede äußere Ursache, nur um ihrer selbst willen, das sind Neuerungen, welche die Nazis aufgebracht haben. Es sind verspätete Ausbrüche eines animalischen Hasses gegen die Entwicklung der Vernunft. Sie zeigen, dass gewisse Menschengruppen in den Untergründen ihres Seins unheilbar tierisch geblieben sind. Wenn wir Zivilisation und Kultur retten wollen, dann haben wir das Recht und die Pflicht, diese Vertierten auszurotten, so wie wir die Stätten unserer Zivilisation rein gemacht haben von Wölfen und von Bären.

Hüten aber müssen wir uns, das ganze deutsche Volk zu identifizieren mit diesen Vertierten, das deutsche Volk als Ganzes zu verwerfen. Jene Scheußlichkeiten, von denen sich die Welt empört und angeekelt abkehrt, fallen zur Last einer Gruppe von Menschen, mit denen die Mehrheit der Deutschen im Grunde so wenig gemein hat wie die Mehrheit irgendeiner andern gesitteten Nation.

Vortrag, gehalten beim Writers' Congress, der vom 1. bis 3. Oktober 1943 an der University of California (UCLA) in Los Angeles abgehalten wurde.

Die Arbeitsprobleme des Schriftstellers im Exil

(1943)

1

In München, als Student, habe ich an einem Seminar teilgenommen, das sich mit dem Thema beschäftigte: »Erlebnis und Dichtung«. Das war in den Zeiten tiefen Friedens vor dem ersten Weltkrieg, der Elfenbeinturm war große literarische Mode, und der Professor, der das Seminar leitete, machte einen säuberlichen Trennungsstrich zwischen äußerem und innerem Erleben. Die innere Form des Dichters schien ihm vorgeschrieben von seiner Geburt an, und er wollte es nicht gelten lassen, dass das Werk des Schriftstellers abhängig sei von dem Platz, an dem sein Schreibtisch stehe.

Es war in jenem Seminar die Rede davon, wie viele Schriftsteller aller Völker und aller Zeiten einen großen Teil ihres Lebens im Exil hatten verbringen müssen und wie viel Werke höchsten literarischen Ranges im Exil entstanden sind. Der leitende Professor erklärte, diese Jahre des Exils hätten zwar die Stoffwahl jener Autoren beeinflusst, nicht aber ihre innere Landschaft. Ich gestehe, dass mir schon damals als blutjungem Studenten diese These verdächtig vorkam. Ich konnte es nicht glauben, dass das Werk Ovids, Li-Tai-Pos, Dantes, Heinrich Heines, Victor Hugos nur im

Stofflichen beeinflusst sei von der Verbannung dieser Dichter. Mir schien, dass das *innerste Wesen* der Werke, welche diese Dichter in der Zeit ihrer Verbannung geschrieben haben, bedingt war von ihren äußern Umständen, von ihrem Exil. Der infernalische Hass gewisser Dante'scher Terzinen, die blitzende Schärfe Victor Hugo'scher Streitschriften, die schwermütig-heitere, süße und tiefe Heimatliebe Li-Tai-Po'scher Verse, der elegante und tödliche Hohn Heine'scher Gedichte, das alles ist nicht denkbar ohne das Exil der Autoren. Das Exil ist kein zufälliger Nebenumstand, es ist die Quelle dieser Werke. Nicht die Stoffe dieser Dichter haben sich verändert durch ihre Verbannung, sondern ihr Wesen.

Jetzt, im Beginn des zweiten Jahrzehnts meines Lebens und Dichtens im Exil, ist mir diese Meinung weit mehr geworden als eine bloße Meinung, sie gehört zu den Grundlagen meiner innern Existenz, und wenn ich nun zu Ihnen spreche über die äußern und innern Probleme, vor welche das Exil den Autor stellt, so hoffe ich, meine Ausführungen werden nicht zu sehr gefärbt sein von der Farbe sehr schmerzhaften Erlebens.

2

Ich möchte nicht lange verweilen bei dem bittern Thema, mit wie viel äußern Schwierigkeiten der Schriftsteller im Exil sich herumzuschlagen hat; ich hoffe, denjenigen unter Ihnen, welche diese Schwierigkeiten nicht erfahren haben, werden sie erspart bleiben.

Der Schriftsteller, der den Leserkreis seines eigenen Landes verliert, verliert mit ihm sehr häufig das Zentrum seiner wirtschaftlichen Existenz. Sehr viele Schriftsteller, die in ihrem eigenen Lande marktfähig waren, sind trotz höchster Begabung im Ausland nicht verkaufbar, sei es, weil ihr Wert vor allem im Sprachlichen liegt und dieses Sprachliche nicht übertragbar ist, sei es, weil ihre Stoffe den ausländischen Leser nicht interessieren. Den gut gemeinten Anregungen mancher Verleger, Konzessionen an den Geschmack des ausländischen Publikums zu machen, können und wollen viele exilierte Schriftsteller nicht nachkommen. Es ist erstaunlich, wie viele Autoren, deren Leistungen die ganze Welt anerkannt hat, jetzt im Exil trotz ernsthaftester Bemühungen völlig hilf- und mittellos dastehen.

Dazu kommt, dass viele Schriftsteller mehr als andere Exilanten leiden unter den läppischen kleinen Miseren, aus denen der Alltag des Exils sich zusammensetzt. Es ist keine große Sache, in einem Hotel wohnen zu müssen und auf Schritt und Tritt bürokratischen Weisungen unterworfen zu sein. Aber einen weitgespannten Roman in einem Hotelzimmer zu schreiben ist nicht jedem Schriftsteller gegeben, es reißt an den Nerven; es reißt doppelt an den Nerven, wenn der Autor nicht weiß, ob er morgen noch dieses Hotelzimmer wird zahlen können, wenn seine Kinder ihn um Essen bitten und wenn die Polizei ihm mitteilt, dass binnen drei Tagen seine Aufenthaltsbewilligung abgelaufen ist.

Die Leiden der Verbannung sind nur in seltenen Augenblicken heroisch, sie bestehen zumeist in kleinen, albernen Misslichkeiten, denen sehr oft etwas leise Lächerliches anhaftet. Aber die Überwindung dieser kleinen äußern Schwierigkeiten kostet im günstigsten Fall viel Zeit und Geld. Von mir zum Beispiel verlangte man in verschiedenen Ländern, ich solle Papiere beibringen, die ich als Flüchtling nicht haben konnte, ich solle mit Dokumenten aus meiner Heimat nachweisen, dass ich ich bin, dass ich geboren bin und dass ich Schriftsteller bin. Ich übertreibe nicht, wenn ich konstatiere, dass die Bemühungen, dies nachzuweisen, mich ebenso viel Zeit gekostet haben wie das Schreiben eines Romans.

Die ökonomischen Schwierigkeiten und der aufreibende Kampf mit Nichtigkeiten, die nicht aufhören, sind das äußere Kennzeichen des Exils. Viele Schriftsteller sind davon zermürbt worden. Viele zogen den Selbstmord dem tragikomischen Leben im Exil vor.

3

Wer Glück hat, wer um all das herumkommt, der sieht sich bei seiner Arbeit inneren Schwierigkeiten gegenüber, von denen er sich in der Heimat nichts träumen ließ.

Da ist zunächst die bittere Erfahrung, abgespalten zu sein vom lebendigen Strom der Muttersprache. Die Sprache ändert sich von Jahr zu Jahr. In den zehn oder elf Jahren unseres Exils ist das Leben sehr schnell weitergegangen, es hat für tausend neue Erscheinungen tausend neue Worte und Klänge verlangt. Wir hören die neuen Worte für diese neuen Erscheinungen zuerst in der fremden Sprache. Immer und für alles haben wir den Klang der fremden Sprache im Ohr, ihre Zeichen dringen täglich, stündlich auf uns ein, sie knabbern an unserm eigenen Ausdrucksvermögen. Einem jeden unter uns kommt es vor, dass sich manchmal das fremde Wort, der fremde Tonfall an die erste Stelle drängt.

Einige von uns haben es mit einigem Erfolg versucht, in der fremden Sprache zu schreiben: wirklich geglückt ist es keinem. Es kann keinem glücken. Gewiss, man kann lernen, sich in einer fremden Sprache auszudrücken; *die letzten Gefühlswerte* des fremden Tonfalls lernen kann man nicht. In einer fremden Sprache dichten, in einer fremden Sprache gestalten kann man nicht. Einen Barbaren nannten die Griechen und Römer jenen, der sich nicht in ihrer Sprache ausdrücken konnte. Der Dichter Ovid, zu solchen Barbaren verbannt, hat in ihrer barbarischen Sprache gedichtet und wurde von ihnen hoch geehrt. Dennoch hat er geklagt: »Hier bin ich der Barbar, denn keiner versteht mich.«

Seltsam ist es, zu erfahren, wie die Wirkung unserer Werke nicht ausgeht von der Fassung, in welcher wir sie schrieben, sondern von einer Übersetzung. Der Widerhall, den wir hören, ist nicht der Widerhall des eigenen Worts. Denn auch die beste Übersetzung bleibt ein Fremdes. Da haben wir etwa um einen Satz, um ein Wort gerungen, und nach langem Suchen haben wir den Satz, das Wort gefunden, die glückliche Wendung, die sich unserm Gedanken und Gefühl bis ins Letzte anschmiegte. Und nun ist da das übersetzte Wort, der übersetzte Satz. Er stimmt, es ist alles richtig, aber der Duft ist fort, das Leben ist fort. Sehr häufig verhält sich der übersetzte Satz zu dem unsern wie eine Kinderfassung des »Gulliver« zu dem bittergroßen Original.

4

Allmählich, ob wir es wollen oder nicht, werden wir selber verändert von der neuen Umwelt, und mit uns verändert sich alles, was wir schaffen.

Es gibt keinen Weg zur inneren Vision als den über die äußere. Das neue Land, in dem wir leben, beeinflusst die Wahl unserer Stoffe, beeinflusst die Form. Die äußere Landschaft des Dichters verändert seine innere.

Manche unter uns sind so von innen her gebunden an die Inhalte und Formen ihrer Jugend und ihrer Heimat, dass sie davon nicht loskommen und sich nach Kräften sträuben gegen ihre neue Umwelt. Dieses Sicheinschließen in die tote Vergangenheit, dieses Sichabsperren von dem wirklichen Leben ringsum, diese stolze Absonderung vermindert die Kraft der Dichter, macht sie trocken, dörrt sie aus, die exilierten Schriftsteller, die es so halten – es sind ihrer eine ganze Reihe, darunter Schriftsteller höchsten Formates –, haben das schwerste Los gezogen, und ihre Bitterkeit ist die tiefste.

Ich bemühe mich, wie ich Ihnen schon im Eingang sagte, nicht zu viel Ressentiment zu zeigen, wenn ich Ihnen von den Leiden des Schriftstellers im Exil erzähle. Das macht meine Schilderung blass, und ich habe das Gefühl, alles, was ich Ihnen gesagt habe, ist untertrieben und viel zu trocken. Dafür steht alles, was ich Ihnen zu dem Thema »Der Schriftsteller im Exil« sagen könnte, viel besser ausgedrückt in meinem Roman »Paris Gazette«.

Dieser Roman heißt übrigens in seiner Originalfassung keineswegs »Paris Gazette«. Der Titel ist eine Konzession an den Geschmack des Auslands. Im Original heißt der Titel schlicht und wahr und kühn oder, wenn Sie wollen, frech: »EXIL«.

In diesem Roman »EXIL« habe ich während einer der trübsten Erfahrungen meines Exils, in einer Pause zwischen dem Aufenthalt in einem französischen Konzentrationslager und dem in einem andern, ein allgemeines Kapitel eingefügt über die Wirkungen des Exils. Heute freue ich mich, dass ich auch in jener trüben Zeit den Ton nicht gelegt habe darauf, wie der Künstler im Exil leidet, sondern darauf, wie der Schriftsteller, der wirkliche, derjenige, der diesen Namen verdient, wächst und an Kraft zunimmt im Exil.

Denn wenn das Exil zerreibt, wenn es klein und elend macht, so härtet es auch und macht groß. Es strömt dem Schriftsteller im Exil eine ungeheure Fülle neuen Stoffes und neuer Ideen zu, er ist einer Fülle von Gesichten gegenübergestellt, die ihm in der Heimat nie begegnet wären.

Ja, wenn wir uns bemühen, unser Leben im Exil historisch zu sehen, dann erweist sich jetzt schon, dass beinahe alles, was unsere Arbeit zu behindern schien, ihr am Ende zum Heil ausschlug. Ich darf in diesem Zusammenhang nicht verschweigen, dass zum Beispiel auch der erzwungene ständige Kontakt mit der fremden Sprache, über den ich vorhin so laut zu klagen hatte, sich am Ende als eine Bereicherung erweist. Der im fremden Sprachkreis lebende Autor kontrolliert beinahe automatisch das eigene Wort ständig am fremden. Häufig dann sieht er, dass die fremde Sprache ein treffenderes Wort hat für das, was er ausdrücken will. Er gibt sich dann nicht zufrieden mit dem, was ihm die eigene Sprache darbietet, sondern er schärft, feilt und poliert an dem Vorhandenen so lange, bis es ein Neues geworden ist, bis er der eigenen Sprache das neue, schärfere Wort abgerungen hat. Jeder von uns hat glückliche Wendungen der fremden Sprache seiner eigenen eingepasst.

5

Es ist wohl so, dass Leiden den Schwachen schwächer, aber den Starken stärker macht.

Manche unter uns hat das Exil eingeengt, aber den Kräftigeren, Tauglicheren gab es mehr Weite und Elastizität, es machte ihren Blick freier für das Große, Wesentliche und lehrte sie, nicht am Unwesentlichen zu haften.

Und solang du das nicht hast, dieses Stirb und Werde, bist du nur ein trüber Gast auf der dunkeln Erde, heißt es bei Goethe. Das Exil ist eine harte Schule, die einem mit sehr energischen Mitteln beibringt, was dieses Stirb und Werde bedeutet. Eine ganze Reihe der exilierten Schriftsteller sind innerlich reifer geworden, haben sich erneuert, sind jünger geworden. Sie sind nicht nur bitterer geworden, sondern auch weiser, gerechter gegen ihre neue Welt, dankbarer und der eigenen Sendung tiefer bewusst. Jenes Stirb und Werde wurde ihnen Erlebnis und Besitz.

Alles in allem hat, glaube ich, die Literatur im Exil die Probe nicht schlecht bestanden. Wenn sich die Flut verlaufen haben wird, wenn mit einem mehr sicheren Maß gewogen werden wird, was taugt und was nicht, dann werden sich unter den Werken der Epoche diejenigen, die im Exil geschrieben wurden, nicht als die schlechtesten erweisen.

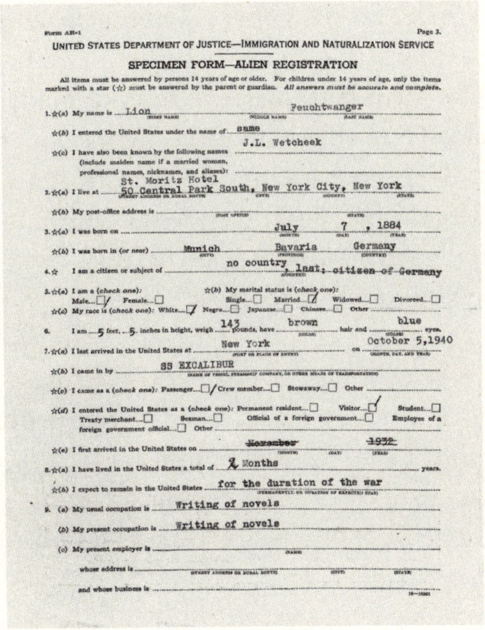

Form AR-1 Page 3.

UNITED STATES DEPARTMENT OF JUSTICE—IMMIGRATION AND NATURALIZATION SERVICE

SPECIMEN FORM—ALIEN REGISTRATION

All items must be answered by persons 14 years of age or older. For children under 14 years of age, only the items marked with a star (☆) must be answered by the parent or guardian. *All answers must be accurate and complete.*

1. ☆(*a*) My name is Lion (FIRST NAME) (MIDDLE NAME) Feuchtwanger (LAST NAME)

☆(*b*) I entered the United States under the name of same

☆(c) I have also been known by the following names (include maiden name if a married woman, professional names, nicknames, and aliases): J.L. Wetcheek

2. ☆(*a*) I live at St. Moritz Hotel 50 Central Park South, (STREET ADDRESS OR RURAL ROUTE) New York City, (CITY) (COUNTY) New York (STATE)

☆(*b*) My post-office address is (POST OFFICE) (STATE)

3. ☆(*a*) I was born on July (MONTH) 7 (DAY), 1884 (YEAR)

☆(*b*) I was born in (*or near*) Munich (CITY) Bavaria (PROVINCE) Germany (COUNTRY)

4. ☆ I am a citizen or subject of no country (COUNTRY), ~~last: citizen of Germany~~

5. ☆(*a*) I am a (*check one*): Male ☐✓ Female ☐

☆(*b*) My marital status is (*check one*): Single ☐ Married ☑ Widowed ☐ Divorced ☐

☆(*c*) My race is (*check one*): White ☑ Negro ☐ Japanese ☐ Chinese ☐ Other

6. I am 5 feet, 5 inches in height, weigh 143 pounds, have brown (COLOR) hair and blue (COLOR) eyes.

7. ☆(*a*) I last arrived in the United States at New York (PORT OR PLACE OF ENTRY) on October 5,1940 (MONTH, DAY, AND YEAR)

☆(*b*) I came in by SS EXCALIBUR (NAME OF VESSEL, STEAMSHIP COMPANY, OR OTHER MEANS OF TRANSPORTATION)

☆(*c*) I came as a (*check one*): Passenger ☐✓ Crew member ☐ Stowaway ☐ Other

☆(*d*) I entered the United States as a (*check one*): Permanent resident ☐ Visitor ☑ Student ☐ Treaty merchant ☐ Seaman ☐ Official of a foreign government ☐ Employee of a foreign government official ☐ Other

☆(*e*) I first arrived in the United States on ~~November~~ (MONTH) (DAY) ~~1932~~ (YEAR)

8. ☆(*a*) I have lived in the United States a total of 2 Months years.

☆(*b*) I expect to remain in the United States for the duration of the war (PERMANENTLY, OR DURATION OF EXPECTED STAY)

9. (*a*) My usual occupation is Writing of novels

(*b*) My present occupation is Writing of novels

(*c*) My present employer is (NAME)

whose address is (STREET ADDRESS OR RURAL ROUTE) (CITY) (STATE)

and whose business is

16—16001

Feuchtwangers »alien registration« bei der Einreise in die USA, Berufsangabe unter »usual« und »present occupation«: Writing of novels – Schreiben von Romanen.

5

Wege in die Zukunft

Als einer der wenigen aus der Heimat vertriebenen Autoren konnte Lion Feuchtwanger auch im Exil schriftstellerisch reüssieren und sich eine Existenz mit gesellschaftlicher Teilhabe und aktiven Einflussmöglichkeiten aufbauen. Sein Roman »Die Brüder Lautensack« wurde 1942 von der Zeitschrift Collier's in acht Fortsetzungen veröffentlicht, was ihm ein so beachtliches Honorar bescherte, dass er die Anzahlung für das herrschaftliche Haus in Pacific Palisades, einem direkt am Pazifik gelegenen Wohnviertel von Los Angeles, leisten konnte. Die heutige Villa Aurora wurde während der vierziger und fünfziger Jahre zu einem Treffpunkt prominenter europäischer wie amerikanischer Intellektueller, darunter Bertolt Brecht, Thomas und Heinrich Mann, Hanns Eisler, Bruno Frank, Charlie Chaplin, Arnold Schönberg, Albert Einstein und Aldous Huxley. In Kalifornien schrieb er neun Romane, zwei Theaterstücke und einige Kurzgeschichten. Endlich verfügte er über die Möglichkeiten, sich die Bibliothek aufzubauen, von der er immer geträumt hatte. Als er am 21. Dezember 1958 an den Folgen einer Magenkrebserkrankung starb, umfasste seine Bibliothek mehr als 30 000 Bände.

Vortrag, datiert vom 21. März 1943.

Faschismus ist der wahre Feind
(1943)

In Polen gaben die Nazi-Behörden der Hitler-Jugend die Jagd frei auf Judenkinder. Deutsche Jungens von fünfzehn und sechzehn durchzogen truppweise die Straßen des Ghettos und veranstalteten Schießkonkurrenzen. Die Leichen nummerierten sie mit Kreide, damit kein Irrtum vorkomme in der Zahl der Erlegten. Das Ergebnis eines solchen Schieß-Wettbewerbs für den Oktober liegt vor, es ging durch die Zeitungen. Zum Sieger für den Oktober wurde ein gewisser Krause erklärt, der 1006 jüdische Kinder erlegt hatte.

In den Eingängen vieler russischer Dörfer standen den ganzen Winter über Säulen aus Eis. Diese Eissäulen waren zu Beginn des Winters lebendige Menschen gewesen, russische Freischärler. Sie waren von den Nazis gefangen worden, nackt ausgezogen, gefesselt und mit Wasser übergossen, bis sie die Gestalt angenommen hatten, die sie jetzt trugen.

Solche und ähnlich Meldungen lesen wir täglich zu Hunderten. Wir sind dagegen abgestumpft, auch glauben wir sie nicht recht. Wir können uns nicht vorstellen, dass in unserer Mitte, nach zwei Jahrtausenden Christentum, noch derartige sinnlose Grausamkeiten begangen werden könnten, Grausamkeiten nur um der Grausamkeit willen. Wir ziehen es vor, anzunehmen, solche Meldungen seien wohl zu Propagandazwecken ausgeschmückt worden.

Aber dieser Unglauben ist zu billig. Gewiss, es gibt Übertreibungen, doch viele dieser Meldungen, die meisten, halten scharfer Nachprüfung stand. Wir müssen uns schon mit der Tatsache abfinden: der Faschismus tut das Böse nicht nur dann, wenn es seine politischen oder militärischen Zwecke fördert, er tut das Böse um seiner selbst willen, er *liebt* das Böse.

Unzählige Male wurde ausgeführt, dass sich der Faschismus zur Doktrin der reinen Gewalt bekennt. Es wurde dargelegt, dass seine Theorie und seine Praxis vorgebildet ist in Nietzsches Lehren vom Willen zur Macht und dass Georges Sorels »Reflexionen über die Gewalt« dem Faschismus wichtigste Anregungen gegeben haben. Aber zu wenig betont wurde, wieweit der Faschismus über jene Theorien hinausgeht. In der Ideologie jener Denker, welche den Willen zur Macht verkündeten, wird der Macht Sinn gegeben; wenn sie nicht der Verwirklichung sozialer Ideen dient, dann dient sie zumindest der Erhöhung des Lebensgefühls. Der Faschismus verplumpt diese Lehre aufs Äußerste. Die Gewalt, die *er* erstrebt, ist sinnlos, er erstrebt sie nur um ihrer selbst willen. Das »Herrenvolk« ist nicht etwa dazu da, die Welt weiser und glücklicher zu machen, das »Herrenvolk« hat den einzigen Zweck, die andern zu unterjochen und sich selber zu bereichern.

Beschaut man die Lehre des Faschismus näher, so erkennt man, dass die ganze Ideologie im Grunde nichts anderes bezweckt, als einige sehr wenige mächtig zu machen auf Kosten der ganzen übrigen Welt. Einer der führenden Ideologen der Nazis setzte mir einmal auseinander, dass auf dem ganzen Planeten nur etwa viertausend Menschen existierten, die als reine Arier angesprochen werden könnten, und dass die Welt nur existiere um dieser viertausend »Herrenmenschen« willen. Und als ein amerikanischer Berichterstatter den ersten Nazi, der zu Amt und Würden kam, einen braunschweigischen Minister, fragte: »Was ist euer Programm, wenn ihr Macht übers ganze Reich gewinnt?«, erwiderte der Befragte naiv und ehrlich: »Sie zu behalten.«

So ist es. Die ganze Philosophie des Faschismus besteht darin, die Macht einer zahlenmäßig winzigen Hierarchie zu erhalten und zu mehren. Der Faschismus predigt die Verachtung des Schwächeren, den Hass gegen den Schwächeren. Wie der Faschismus den Aristokratismus Nietzsches versimpelt, so versimpelt er grob die Entwicklungslehre Darwins. Für den Faschisten hat der Schwächere kein Recht zu leben, er ist nur dazu da, das Leben des Stärkeren zu bereichern.

Zwar beruft sich der Faschismus auf die großen Philosophen der Gewalt als auf seine Lehrer. Aber Georges Sorel würde einen Schüler wie Mussolini nachdrücklich ablehnen, und wenn sich Hitler, am Sockel einer Nietzsche-Büste lehnend, hat fotografieren lassen, so macht er da weder innerlich noch äußerlich eine glückliche Figur. Kaum ein Zweiter hat so Bitteres und Verächtliches über den deutschen Nationalismus geäußert wie Nietzsche, und Nietzsches tiefes Wort »Macht verdummt« scheint gerade auf die Nazis gemünzt.

Denn diese preisen die Dummheit. Ihre ganze Organisation, alle ihre Methoden haben zur Basis die Überzeugung von der unendlichen Dummheit der Massen. Die Nazis bekämpfen mit größter Vehemenz den Intellekt als ihren Hauptgegner. Sie sprechen von »Intelligenz-Bestien«, »Nie kann ein Mann von deutschem Wesen ein Intellektueller sein«, heißt es in ihrem offiziellen Liederbuch, und in »Mein Kampf« verlangt Hitler ausdrücklich, dass die Propaganda der Nazis eingestellt sein müsse auf das geistige Niveau des jeweils Dümmsten. Mit Recht hat man erklärt, dass der Faschismus ein Aufstand der Unbegabten gegen die Begabten sei.

Nicht genug kann sich der Faschismus darin tun, die Idee der Humanität zu verhöhnen. Er nennt sie niemals anders als »Humanitäts-Duselei«. Er findet die Zehn Gebote, die Lehren der Bergpredigt lächerliche Hirngespinste einer minderwertigen Rasse, und insbesondere die Forderung: »Du sollst nicht töten«, scheint ihm läppisch. Der Faschismus preist den Tod, vor allem den Tod auf dem Schlachtfeld, als höchstes Gut, er erzieht die Jugend zum Tod, und da er den Seinen den nötigen Lebensraum bei Lebzeiten nicht schaffen kann, vertröstet er sie auf ein geräumiges Walhalla nach dem Tod. Er rühmt die Bombe als die beste, die Lüge als die zweitbeste Waffe zur Erringung der Weltherrschaft. Nächst dem kriegerischen Sinn feiert Hitler die nordische List als die schönste Eigenschaft seiner Rasse, und Mussolini rühmt die todbringende Schlauheit der italienischen Renaissance-Fürsten. Beide ergehen sich in schwelgerischen Tiraden über die Schönheit des Zerstörens, und Mussolinis Sohn hat eingehend die Lustgefühle geschildert, die der Flieger empfindet, wenn er sein Maschinengewehr auf fliehende Zivilisten entlädt. Es ist der Zerstörungstrieb schlechthin, der sich in Gestalt des Faschismus empört gegen die Dämme, welche die Zivilisation ihm gesetzt hat.

Man darf den Kampf gegen das Christentum, wie der Faschismus ihn führt, nicht gleichsetzen mit dem Kampf, den etwa Julianus Apostata oder die Französische Revolution geführt hat. Diese wollten anstelle des Christentums ein anderes Ideal setzen, das sie für besser hielten, die reine Schönheit oder die reine Vernunft. Der Faschismus hingegen will anstelle des Christentums die Lehre von der nackten Gewalt setzen, er will nicht aufbauen, er will nur vernichten.

Der Gedanke, dass eine solche »Lehre«, die Lehre vom Nichts, die Lehre vom entfesselten Zerstörungstrieb, Besitz ergreifen konnte von den Hirnen und Herzen eines Volkes, das sich einer ausgebildeten Zivilisation erfreute, ist erschreckend. Es ist erschreckend, dass ein Volk, das die Luther-Bibel, den »Faust« und die »Kritik der reinen Vernunft« hervorgebracht hat, diese Bücher ersetzt hat durch »Mein Kampf«, und man darf sich nicht darüber täuschen, dass die Verwüstung der Seelen durch die Nazis kaum geringer ist als die Verwüstung materieller Güter.

Allein auch im letzten Weltkrieg wurde die deutsche Jugend vier Jahre hindurch zum extremsten Nationalismus erzogen, sie glaubte tief an diesen Nationalismus. Aber mit der gleichen Überzeugung bekannte sie sich – ich habe es selber erlebt – schon wenige Tage nach dem Zusammenbruch zum Sozialismus. Gewiss, die Nazis haben die deutsche Jugend erheblich länger und erheblich rücksichtsloser in die Schule genommen. Aber diese Schule hatte und hat als einzigen Beweis für ihre Lehren ihren Erfolg anzuführen. Mit dem Erfolg zerbricht ihr einziges Argument. Nach dem Zusammenbruch wird eine leere Jugend verzweifelt nach etwas suchen, das diese Leere füllen könnte.

Dann wird es umso wichtiger sein, dass Männer zur Stelle sind, bereit, in dem geistig verödeten Deutschland Vernunft zu lehren, angewandte Humanität, Christentum. Wenn das mit Energie geschieht, dann wird die Vernunft über die Barbarei siegen mit der gleichen mathematischen Gewissheit, mit der das Automobil siegte über den Ochsenkarren.

Beitrag zur Gedächtnisfeier
»WE WILL NEVER DIE« (Wir sterben nicht)
für zwei Millionen in Europa ermordete Juden
in der HOLLYWOOD BOWL, einer der größten
Freilichtbühnen nach dem Vorbild der antiken griechischen
Theater, 21. Juli 1943.

Wir sterben nicht

(1943)

Vor beinahe zweitausend Jahren, als das jüdische Volk in einer ähnlichen Lage war wie heute, hat einer der großen Lehrer der Juden seinem Volk und der Welt grimmig und weise zugerufen: Wann, wenn nicht jetzt? Und wer, wenn nicht du?

Es war diese einfache Doktrin, die jedes große Volk in Zeiten der Not gerettet, die jede große Tat bewirkt hat. Es hat wenig Zweck, die Barbarei der Gegner anzuklagen und die unverdiente eigene Not zu bejammern. Zweck hat es, immer wieder zu mahnen und zu fordern: Wir dürfen uns nicht auf andere verlassen. Wir, die wir hier sind, müssen helfen. Du und ich müssen helfen. Und nicht in einer Woche müssen wir helfen und nicht morgen: jetzt müssen wir helfen.

Wann, wenn nicht jetzt? Und wer, wenn nicht du?

Wann immer Großes und Wichtiges gerettet wurde aus der Bedrohung hirnloser Gewalt, dann immer durch die Befolgung dieser starken Mahnung. Der menschliche Geist stumpft sehr schnell ab gegen die höchste Not des Nächsten und tröstet sich: Andere werden helfen, oder: Morgen werde ich helfen. Die Trägheit des Herzens ist unermesslich. Der Untergang hochgezüchteter gesellschaftlicher Schöpfungen wurde bewirkt durch solche Trägheit des Herzens.

Diejenigen, die zusagen, ganz bestimmt Hilfe zu bringen und in größtem Ausmaß, aber erst, wenn der Krieg gewonnen ist, sind schlimmer als offen Gleichgültige. Mit vagen Versprechungen, von menschenfreundlichen Konferenzen für die Zukunft erteilt, ist nichts getan. Der Mann an Land, der dem Versinkenden zuruft: »Ich werde dich retten, wenn der Sturm vorbei ist«, verhöhnt ihn.

Wann, wenn nicht jetzt? Und wer, wenn nicht du?

Am 20. September 1945 forderte die holländische Wochenzeitschrift »De Groene Amsterdammer« Lion Feuchtwanger auf, den Nürnberger Prozessen beizuwohnen und Artikel für sie zu schreiben, die später in Buchform erscheinen sollten. Da Lion Feuchtwanger ablehnen musste, bat ihn die Amsterdamer Redaktion, einen Beitrag über seine Einstellung zu den Prozessen zu kabeln, der am 8. Dezember 1945 abgedruckt wurde.

Der Prozess von Nürnberg, ein Ende und ein Anfang

(1945)

Es ist nicht das erste Mal, dass die Führer der Nazis vor Gericht stehen. Vor 21 Jahren schon, nach ihrem missglückten ersten Staatsstreich, wurde Anklage gegen sie erhoben wegen eines Komplotts, Staat, Recht und Ordnung zu zerstören. Damals in München saßen repräsentativere Männer auf der Anklagebank als heute, nämlich Hitler selber und General Ludendorff. Damals schon war klar, welche Bedrohung nicht nur Deutschlands, sondern der ganzen Welt die Nazis waren. Aber die Furcht der Richter machte den Prozess zu einer Farce.

Ein zweites Mal standen die Nazis vor Gericht in einem Prozess, den sie selber frech und leichtfertig angestrengt hatten, in dem Reichstagsbrand-Prozess. Zwar waren formal die Nazis die Ankläger, doch in der Tat war der Ankläger der Angeklagte Dimitroff, der dem damals allmächtigen Göring zurief: »Sie haben wohl Angst vor meinen Fragen, Herr Ministerpräsident?« Göring hatte darauf keine andere Erwiderung als Schimpfworte und Drohungen. Und am Ende des Prozesses waren die Naziführer formal die Sieger, aber vor der ganzen Welt waren sie überführt des Verbrechens, das den Gegenstand der Verhandlung bildete.

Mittlerweile haben sich die Verbrechen von damals ungeheuer gehäuft, aus einem kleinen deutschen Bürgerkrieg ist ein Weltkrieg geworden, aus dem Brand des Reichstags ein Weltbrand, ermöglicht dadurch, dass die Regierungen der Weltmächte dem Treiben der Verbrecher von Anfang an geduldig zuschauten. Zum zweiten Mal ist der Faschismus zusammengebrochen, diesmal einen großen Teil der Welt in seinen Sturz mitreißend. Und wieder steht der Nationalsozialismus vor Gericht.

Oftmals in diesen fünfundzwanzig Jahren, da die Trägheit der Welt die Naziverbrecher straflos schalten und walten ließ, stieg in denen, die es wissend und ohnmächtig aus der Nähe mitansehen mussten, Unmut hoch, Zorn, Scham und zuweilen wohl auch ein brennend bitteres Gelächter. Umso tiefer ist jetzt die Genugtuung, dass sich die Welt aufgerafft hat, über pedantische, formaljuristische Bedenken hinwegzugehen und jene Menschen, die überdimensionale Schuld auf sich geladen haben, vor ein überdimensionales Gericht zu stellen. Wie ein Albdruck fällt es von einem, wenn man nun zum ersten Mal erlebt, dass sich ein Verbrecher nicht mehr zurückziehen kann hinter den Vorwand, er habe als Minister eines souveränen Staates nach bestem Wissen und Gewissen zum Nutzen seines Vaterlandes gehandelt. Wir Zeugen und Opfer der Untaten der Nazis begrüßen es mit einem tiefen Aufatmen, dass man sich jetzt nicht mehr damit begnügt, einem Massenmörder höflich und schüchtern zuzuflüstern: »Exzellenz, Ihre Verordnungen könnten vielleicht zur Folge haben, dass die öffentliche Meinung unseres Landes Ihre Regierung weniger freundlich beurteilt«, sondern dass man ihm klar und schlicht und undiplomatisch erklärt:

»Mensch, Sie sind ein Massenmörder«, und ihn auf die Anklagebank setzt.

Es gibt noch immer bedenkliche Leute, welche in der Gerechtigkeit nichts anderes sehen als eine Ansammlung von Paragraphen und die Angst haben, gewisse formale juristische Grundsätze zu verletzen, die schon zu Zeiten Ciceros Unglück angerichtet haben. Ich erinnere mich, wie mir einmal ein liberaler deutscher Reichsjustizminister, ein Rechtsphilosoph von Weltruf, eingehend erklärte, warum er gegen gewisse faschistische Hochverräter nicht vorgehe. Er setzte mir auseinander, dass Gerechtigkeit und jeweils geltendes Recht nichts miteinander zu tun hätten, dass die Ausübung der Gerechtigkeit manchmal die Rechtssicherheit gefährde und dass zwar im speziellen Fall die Schuld der Verbrecher klar zutage liege, dass es aber leider unmöglich sei, diese Schuld in die Paragraphen des Reichsstrafgesetzbuches einzufangen.

Schon vor dreihundert Jahren hat Pascal erkannt: »Fortwährend wird durch geographische Veränderung Recht zum Unrecht und Unrecht zum Recht. Drei Breitengrade Entfernung stürzen die ganze Jurisprudenz um. Was ist das für eine komische Gerechtigkeit, die von einem Fluss oder von einem Berg begrenzt wird? Was auf dieser Seite der Pyrenäen Wahrheit ist, wird Lüge auf der andern.« Aber das hat so weiter gegolten durch drei Jahrhunderte, und heute noch ist diesseits der Pyrenäen Verdienst und Tugend, was jenseits der Pyrenäen Verbrechen ist.

Es war dieses fluchwürdige Prinzip, hinter welches sich die Diplomatie bequem zurückzog, um nicht einschreiten zu müssen gegen die Verbrechen der Nazis. Der Prozess von Nürnberg schafft diesen Grundsatz aus der Welt. Vier Nationen, welche sich zu den verschiedensten juristischen Prinzipien bekennen, haben ihre Rechtsanschauungen unter einen Hut gebracht. Das bedeutet einen großartigen Sieg der Vernunft, der Zivilisation, des Common Sense über verrottete Vorurteile nationalistischer Art. Nicht mehr gilt der niederträchtige Satz: right or wrong, my country. Frech und unermüdlich haben die Nazis in die Welt hinausgeplärrt: »Recht ist, was dem deutschen Volke nutzt.« Jetzt erwidert ihnen die Welt: »Unrecht ist, was die Zivilisation gefährdet.« Die Nazis haben in einem fremden Land den deutschen Schriftsteller Theodor Lessing aus dem Hinterhalt erschossen, weil er den Führer eines deutschen Raubkriegs einen Massenmörder genannt hatte. Sie haben gegen einen andern deutschen Professor eine ungeheuerliche Mordkampagne entfacht, weil er von einem ihrer Soldaten erklärt hatte, er sei auf dem Feld der Unehre gefallen. Jetzt sagt ihnen das Gericht der Welt in ihre blassen Gesichter: »Ihr *seid* Massenmörder, und eure Schlachtfelder *waren* Felder der Unehre.«

Als Knabe sollte ich einen Aufsatz schreiben über einen altgermanischen Versspruch: »Früh aufstehen muss, wer erstreiten will von andern Haupt und Habe.« Ich erklärte, ich könne den Aufsatz nicht schreiben, ich könne nichts mit dem Spruch anfangen, da es mir durchaus fernliege, von andern Haupt und Habe erstreiten zu wollen. Diese meine Anschauung erregte allgemeines Befremden, und ich wäre um ein Haar aus der Schule geflogen. Jetzt wird, durch das Gericht von Nürnberg, diese Anweisung, von andern Haupt und Habe zu erstreiten, als strafbar erklärt. Taten, die bisher glorifiziert wurden, werden endlich als Verbrechen abgestempelt. Begeisterte Aufforderungen, das Vaterland zu vergrößern und die Reichsgrenzen auszudehnen, werden als das erklärt, was sie sind, als Anstiftung zum Massenmord. Die Lehre, dass das eigene Volk von Natur den andern Nationen überlegen und also berechtigt und dazu bestimmt sei, sie zu versklaven, wird als Anreiz zum Verbrechen unter Strafe gestellt. Der imperialistische Krieg ist kein ehrenvolles Stahlbad mehr, sondern eine Schande, und wer ihn willentlich herbeiführt, kein Held, sondern ein Lump.

Damit endet eine Epoche falscher nationalistischer Wertungen und wird abgelöst durch die Ära einer neuen, international gültigen Wertskala. Es ist wohl das erste Mal, dass Angeklagte nicht abgeurteilt werden nach dem Rechtskodex einer einzigen Nation, sondern nach moralischen Grundsätzen, die der ganze Erdkreis aufgestellt hat. Es wird den Angeklagten nicht vorgeworfen, dass sie gegen die Paragraphen eines bestimmten Rechtes verstoßen hätten, nicht im Namen eines Königs oder einer einzelnen Regierung sitzt man über sie zu Gericht, sondern im Namen der Zivilisation, der Humanität, der Vernunft. »Schlagt sie tot, das Weltgericht fragt euch nach den Gründen nicht.« Diese Verse haben die Angeklagten zwar gerne angeführt, wenn sie gegen andere vorgingen. Sie selber aber haben bei all ihren Verbrechen damit gerechnet, dass die andern sich pedantisch an die Gesetze des Landes halten würden, in dem die Verbrechen begangen wurden, an Gesetze also, die sie, die Verbrecher, selber gemacht hatten. Nun erleben sie zu ihrem Erstaunen, dass sich die Welt sehr unpedantisch über diese Begrenzung hinwegsetzt und nicht nach den Regeln der Jurisprudenz urteilt, sondern nach denen der Gerechtigkeit.

Die Zusammenstellung der Angeklagten gibt ein gutes Bild von der soziologischen Zusammenstellung der obersten Nazischicht. Es ist unter ihnen kein Arbeiter und kein Bauer. Leider aber auch, nach dem Ausscheiden des alten Krupp von Bohlen, keiner von den führenden deutschen Industriellen und Finanzleuten, sodass die außerordentliche Bedeutung nicht sichtbar wird, welche Schwerindustrie und Hochfinanz im Regiment der Nazis gespielt haben. Aber wenigstens sind Schacht und Funk auf der Anklagebank. Was Format und Charakter anlangt, so sind die Angeklagten in Wahrheit repräsentative Nazis und also keineswegs repräsentative Deutsche. Sie sind schlau, tief verlogen, auch vor sich selber, zynisch, verworren, ungeheuer borniert, egoistisch, scharf im Erkennen des Kleinen und Nahen, blind vor dem Großen und Weiten. Sichtbar wird nun, da sie auf der Anklagebank sitzen, der ungeheure, groteske Gegensatz zwischen der Kleinheit dieser Individuen und der Maßlosigkeit des Unheils, das sie angerichtet haben. Demjenigen, der sich intensiv mit dem Nationalismus befasst hat, war dieser lächerliche Gegensatz von Anfang an klar. Doch die Welt wollte es nicht glauben, dass hinter einem so ungeheuern Erfolg so kleine, ärmliche Gesellen stehen sollten. Aber sie *waren* winzig und leer, diese Burschen, und der klaffende Gegensatz zwischen ihren geistigen Fähigkeiten und der Machtfülle, mit welcher die Welt sie bekleidete, war schauerlich und grotesk. So grausiges Unheil diese allmächtigen Nazis auslösten, es haftete ihren Reden und Handlungen auch in den Zeiten ihres Glanzes etwas gigantisch Komisches an wie den bedrohlichen und grotesken Bewegungen eines hirnlosen Riesen. Jetzt, da diese Leute vor ihren Richtern stehen, bloß und gering, wird das Klägliche ihres Wesens einem jeden sichtbar, und der Mythos, es müsse hinter diesen Naziführern doch etwas

Teuflisch-Großes stecken, löst sich durch diesen Prozess in Rauch auf.

Ein Ende macht dieser Prozess auch der Legende, dass das deutsche Volk identisch sei mit den Nationalsozialisten. Ausdrücklich konstatiert der amerikanische Ankläger: »Die Nazipartei ist keine jener losen Organisationen, die wir in der westlichen Welt politische Partei nennen, sondern ein Instrument des Komplotts und des Zwanges. Die Partei wurde nicht organisiert, um in Deutschland die Macht zu übernehmen durch Gewinn der Unterstützung einer Majorität des Volkes, sondern sie wurde organisiert, um die Macht zu ergreifen gegen den Willen des deutschen Volkes.« Ausdrücklich bezichtigt der Gerichtshof der Welt diese Männer eines verbrecherischen Komplotts gegen das deutsche Volk und macht auf diese Art einen Unterschied zwischen Nazis und Deutschen. Nein, diese Angeklagten repräsentieren keineswegs das deutsche Volk; vielmehr sind sie das, was der Erzbischof von Freiburg sie genannt hat: der Abschaum der Deutschen.

Es räumt also dieser Prozess mit einer ganzen Reihe von Vorurteilen auf, die bisher in der Welt waren, mit überalterten Werten, die Unwerte geworden sind, mit einer verwesten juristischen und diplomatischen Praxis, welche die Welt vergiftete. Die kulturelle Bedeutung des Prozesses kann kaum überschätzt werden. Schon die Tatsache, dass dieser Prozess stattfindet, kommt in ihren Konsequenzen der kulturellen Bedeutung gleich, welche die Splitterung des Atoms hat. Und in der Geschichte der Moral spielt dieser Prozess eine ebenso wichtige Rolle wie die Aufzeichnung des Römischen Rechts.

Fraglich aber bleibt, ob die politische Bedeutung des Prozesses seiner kulturellen entspricht. Denn vor diesem Weltgericht steht vorläufig nur der Faschismus, soweit er von Deutschen betätigt wurde. Handlungen aber, wie sie diese Männer begangen haben, fanden nicht nur in den Ländern der Besiegten statt, sondern auch in neutralen Ländern und in den Ländern der Sieger. Es stellt zum Beispiel das Weltgericht den Grundsatz auf, die Verkündigung der Lehre, die eigene Rasse sei andern Rassen überlegen und berechtige zur Knechtung dieser andern Rassen, stelle Teilnahme dar an einem Komplott zur Überwältigung anderer Völker und vielleicht auch des eigenen. Es ist gewiss eine höchst wichtige Errungenschaft und bereitet jedem Feinde des Faschismus Genugtuung, wenn dieses Prinzip gegen die Verbrecher in den Ländern der Besiegten angewandt wird. Aber wird es angewandt werden auch in andern Ländern? Und wirklicher politischer Gewinn wird dieser Prozess erst, wenn seine Prinzipien und Definitionen auf dem ganzen Erdkreis praktisch Geltung haben.

Am Tage, da Hitler Kanzler wurde, war ich in Washington, und man gab einen Empfang für mich. Ich hatte Gelegenheit, mit zahlreichen Senatoren und Mitgliedern des Repräsentantenhauses zusammenzukommen. Viele, als ich auf die Gefahren aufmerksam machte, welche eine Regierung Hitler notwendig mit sich bringe, erwiderten: »Man muss ihn ausprobieren, man muss ihm eine Chance geben.« Man gab ihm eine Chance. Es erfolgte der Reichstagsbrand, und die Hitlerleute benutzten ihn als Vorwand, um viele Mitglieder der oppositionellen Majorität des Parlaments in Konzentrationslager zu sperren und zu töten. Dadurch verwandelte sich die oppositionelle Majorität in eine Minorität. Führende internationale Juristen erklärten schon damals dies Vorgehen der Hitler-Regierung für ein Verbrechen und die Hitler-Regierung für illegal, sie verlangten, die Demokratien sollten dieser undemokratischen, verbrecherischen Regierung die Anerkennung versagen. Man gab Hitler eine weitere Chance. Es erfolgte die vertragswidrige militärische Besetzung des Rheinlands. Ein großer Teil des deutschen Volkes hoffte heiß, jetzt würden die demokratischen Mächte eingreifen und sie von Hitler befreien. Man gab ihm eine weitere Chance. Mehr als das, man gab der Hitler-Regierung im Ausland Kredite für ihre Rüstungen und immer neue Kredite.

So verfuhr damals die Welt mit den Männern, die heute als Verbrecher vor Gericht stehen. Es ist ein weiter Weg von den Maßnahmen, mit denen sie damals diese Leute verhätschelte, bis zu denen, die sie in diesem Prozess anwendet. Ein höchst blutiger Weg, aber mit einem großen erhebenden Ende.

Auf alle Fälle schafft der Prozess einen Präzedenzfall von Bedeutung. Die aktive und vielleicht schon die passive Unterstützung des Faschismus wird in Zukunft auch für beamtete Diplomaten nicht mehr ganz ungefährlich sein. Und über den Häuptern gewisser Staatschefs hängt von nun an eine Drohung. Der Aufenthalt jenseits der Pyrenäengrenze zum Beispiel verbürgt nicht mehr das Recht, straflos Komplotte zu schmieden zur Knechtung der Majorität des eigenen Volkes oder fremder Völker. So wird dieser Prozess zu einem historischen Ereignis. Er bedeutet das Ende einer Epoche und vielleicht den segensvollen Beginn einer neuen.

Lion Feuchtwanger

Pacific Palisades, California
28. November 1945

Geschrieben für die Moskauer Exilzeitschrift
»Internationale Literatur«, August 1945.

Von der völkerverbindenden Macht der Literatur

(1945)

1

Ein Dichtwerk kann den ausländischen Leser erst nach Überwindung vieler Hindernisse erreichen. Auch die beste Übersetzung lässt Wesentliches unvermittelt, und Anschauungen, die an den Ort gebunden sind, sind oft ein wesenhafter Teil des Autors und seines Werkes. Ist aber dieses Werk lebendig, dann lässt es trotzdem an diesem seinem Leben den Leser, auch den fremdesten, teilnehmen, es zwingt ihn, sich einzufühlen in die Fremdheit und in ihr das zu erkennen und zu spüren, was Goethe »die Dieselbigkeit aller« nennt.

Dann und wann hat wohl ein jeder Autor schmerzhaft wahrgenommen, wie eckig fremd ihm in der Übersetzung das eigene vertraute Werk klang. Ich erinnere mich, dass mich da Heinrich Mann einmal tröstete: »Nehmen wirs nicht zu ernst. Wir haben die Werke der großen Russen in elenden Übersetzungen gelesen, und doch haben sie uns tief angerührt.«

Große Literatur überspringt die Schranke aller Fremdheit. Die Vorstellungen, aus denen heraus Agamemnon seine Tochter opfert, aus denen heraus Antigone mit so wilder Leidenschaft um die Bestattung ihres Bruders kämpft, sind uns ganz und gar unverständlich. Der Dichter macht, dass wir nach dreitausend Jahren diese äußern und innern Kämpfe spüren, als wären sie unsere eigenen. Die Welt Homers ist uns unbegreiflich; überdies sind uns die wahren Verhältnisse der Zeit, zu der Troja erobert wurde, sehr viel besser bekannt als ihm, und wir wissen, dass seine Darstellung äußerlich falsch ist. Trotz des seltsamen inneren und äußeren Kostüms aber und wiewohl mir alle Gewalt in der Seele fremd ist, freut es mich von Herzen, wenn Odysseus höchst blutig unter den Freiern aufräumt. Und wenn der alte Priamus den Achilles um die Leiche seines Sohnes Hektor anfleht und Achilles sie ihm gewährt, doch hinzufügt: »Nun aber, Alter, mach dich schleunigst fort, sonst überkommt mich die Wut, und ich erschlage dich«: dann fühle ich mit die Freude und die Furcht des Priamus und die Generosität und die Wut des wilden Achilles.

Ähnlich wirken die Dichtungen der Bibel. Der Erzähler des schönen Märchens von Joseph, der Autor des Romans von König David zwingt mich, allen Aberglauben seiner Zeit zu teilen, ihren Un-Sinn zu vergessen, ihren Sinn und ihr vielfältiges Leben mitzuspüren.

2

Viel leichter noch als die Schranken der Zeit überwindet der Dichter die des Raumes. Da sind die Dichtungen des Fernen Ostens. Das indische Drama »Das irdene Wägelchen« basiert auf dem Glauben an ein unerkennbares, gesetzlos launisches Schicksal und hat zur Voraussetzung einen uns ganz und gar fremden Begriff von der gesellschaftlichen Stellung der Bajadere, der großen Prostituierten. Trotzdem überträgt sich ohne weiteres sowohl bei der Lektüre wie bei der Aufführung das Lebensgefühl des Inders, und durch seine Überzeugung von der willkürlichen Blindheit des Schicksals hindurch spüren wir seine vernunftgeläuterte Begeisterung für die Revolution. In gleicher Weise öffnet uns das Schauspiel »Der Kreidekreis« die innere und die äußere Landschaft Chinas weiter, als hundert noch so exakte ethnologische Studien es tun könnten.

Ich hatte viel Theoretisches gelesen über die Gesellschaft des zaristischen Russlands: in Wahrheit erschlossen hat sie sich mir erst in den Büchern Tolstois und Tschechows. Ich habe ein paar hundert Bücher studiert über Napoleons Feldzug in Russland; das Wesen dieses Feldzugs hat mich erst »Krieg und Frieden« spüren lassen. Ich habe viele sachliche Darstellungen der Oktober-Revolution und der Sowjet-Union gelesen; aber ich habe ihre Voraussetzungen erst begriffen in den Stücken und Romanen Gorkis und ihr Wesen in den dichterischen Werken der Sowjet-Schriftsteller, insbesondere Majakowskis und Scholochows.

Von den Vorgängen und vom Wesen der chinesischen Revolution bleibt auch dem gutwilligen Leser in den besten Berichten vieles abstrakt und ohne Lebenshauch. Liest er aber etwa »Des Tien Tschien Lied vom Karren«, so öffnet sich ihm sogleich die innere und die äußere Landschaft Chinas, er sieht sie, er lebt dort, er spürt die Spürungen des chinesischen Volkes.

3

Merkwürdig ist, wie die Wirkung eines guten Buches in der Fremde zustande kommt und wie mannigfaltig sie ist. Gemeinhin wird ein Dichtwerk in der Fremde sehr anders verstanden als in der Heimat des Autors. Wenn dem Dichter das Werk geglückt ist, dann führt es, sowie er es entlassen hat, ein Eigenleben und wirkt in Richtungen, von denen er nie geträumt hat. Eigenschaften, welche dem Autor nebensächlich erschienen, drängen plötzlich vor, wachsen, werden selbständig.

Shakespeares Dramen haben heute in der Sowjet-Union oder in China einen ganz andern Sinn, als der Dichter hineinlegen wollte, aber da diese Dramen lebendig sind, *haben* sie diesen Sinn. Die Feinheiten gewisser Werke Heinrich Manns – des »Untertans« oder des »Professors Unrat« – werden wahrscheinlich von dem deutschen Leser besser verstanden als von dem fremden: der Gesamtaspekt Deutschlands aber, wie er in den beiden Büchern sichtbar wird, erschließt sich – jede ausländische Rezension zeigt es – dem Nicht-Deutschen viel leichter. Kleine Züge in den Büchern Gorkis, über die der Russe hinwegliest, gewinnen dem ausländischen Leser einen besondern Sinn, sie bleiben ihm haften, in ihnen findet er »Russland«. Mark Twains »Huckleberry Finn« ist den Amerikanern zu einem Kinderbuch geworden. Die tiefe Bitterkeit der Heimatsliebe, die in dem Buch lebt, sehen sie nicht mehr. Was an Mark Twains Humor tief und schmerzhaft und weltweit ist, das spürt der deutsche oder der russische Leser viel inniger.

Die fremde Literatur macht dem Leser sichtbar, was ihn vom fremden Menschen scheidet, aber es lässt ihn tiefer als irgendein anderes Medium spüren, was ihn mit dem fremden verbindet.

Die Wirkung eines lebendigen Buches stellt sich manchmal nur langsam ein, dafür ist sie tief und hält vor. Und der

Leser sieht, wenn er nun dem fremden Menschen in Fleisch und Blut begegnet, in ihm, was ihm das Buch gezeigt hat.

Gute Bücher verknüpfen die Völker sanft, doch stark und stetig. Es ist so, wie Cervantes gesagt hat: »Kein Schiff, kein Wagen, kein Reittier und deine eigenen Füße nicht führen dich so tief und so weit ins fremde Land wie ein gutes Buch.«

Deutsche Originalfassung des Artikels »World Unity Plea«, erschien in »Chicago Daily News«, 3. Dezember 1949.

Chicago Daily News
3. Dez. 1949

World Unity Plea By Feuchtwanger

BY LION FEUCHTWANGER

(Lion Feuchtwanger, in his current novel, 'Proud Destiny,' has undertaken to show how the belief in liberty was kept alive in a difficult hour of world history by the collaboration of Benjamin Franklin with the men of liberal conviction in 18th Century France. Here he suggests to other writers some of the ways in which a writer may use his talents, in another difficult hour, to keep alive the concept of a unified world society.)

The proverb, 'The pen is mightier than the sword,' often seems to be refuted by the facts. But the author who does not believe in this saying would do better to give up writing.

Only a few literary works have accomplished immediate effects, so much is certain. On the other hand, however, the great ideas of the great writers have broken through in the end, despite all obstacles, often to be sure, after centuries and in ways the authors themselves could not have dreamed.

THE WORLD-encompassing ideas of the second Isaiah led six hundred years later to the rise of Christianity.

The writings against the church required three centuries to bring Protestantism and greater freedom of thought into the world: the books of Montaigne, Locke and Voltaire had helped to achieve the writing of the Declaration of Independence of America.

* * *

THE AUTHOR who ponders this will not let himself be discouraged if his work calls forth no immediate political or ethical changes. Neither will he flatter himself with the hope that his books, even if they proclaim the idea of a united world ever so impressively, will be able to root out in one or two centuries the nationalistic nonsense which infects the world.

He will be much more content, if here and there his word meets a receptive mind, in order to strike root there.

J.T. Farrell Powerful

THE LIFE ADVENTUROUS, By James T. Farrell. (Vanguard $3.)

REVIEWED BY BURTON RASCOE (Author of 'We Were Interrupted' and many other books)

James Farrell is primarily a short story writer, as six volumes of them, including 'The Life Adventurous,' attest. The Studs Lonigan trilogy grew out of a perfect short story entitled, 'Studs,' which contains the essence of both the Lonigan and Danny O'Neill series of novels.

JAMES T. FARRELL.

IN THIS latest of his short story collections Farrell shows he has wrenched himself free of his preoccupation with Marxism, tractarianism, the hurts of his childhood and Thomism and has matured into a serene, fecund creator

Fro

A MASQUE
Robert Fr
Holt. $2.5

FORBID T
Rolfe Humph
Scribner's

THE DIVE
(Universi
sota Press

REVIEWED B
Author of
Heaven' ar
umes of po

Original
ten and so
ed by the
that we t
it their e
perty; but
books of p
ume by Rol
not only
ginal, bu
only one t
daring and

'A Masq
is the s
suite of
with prob
relation t
its pred
Masque of
uses de
bolic dram
question o
can at once
and just t

Der Schriftsteller und der Begriff der Einen Welt

(1949)

Das Sprichwort »Die Feder ist mächtiger als das Schwert« scheint von den Tatsachen oft widerlegt zu werden. Aber der Schriftsteller, der nicht an diesen Spruch glaubt, täte besser, das Schreiben aufzugeben.

Unmittelbare Wirkung haben nur wenige literarische Werke getan, so viel ist gewiss. Aber andernteils haben sich die großen Ideen der großen Schriftsteller am Ende trotz aller Widerstände durchgesetzt, freilich oft erst nach Jahrhunderten oder gar nach Jahrtausenden und auf andere Art und in andern Ländern, als die Autoren sichs erträumt hatten. Die weltumspannenden Ideen des Zweiten Jesaias haben sechshundert Jahre später zur Entstehung des Christentums geführt. Die Schriften gegen die Kirche haben drei Jahrhunderte gebraucht, um den Protestantismus und größere Denkfreiheit in die Welt zu bringen, die Bücher Montaignes, Lockes, Voltaires hatten zur Folge die Unabhängigkeits-Erklärung Amerikas.

Der Schriftsteller, der dies bedenkt, wird sich nicht entmutigen lassen, wenn sein Werk keine *unmittelbaren* politischen oder ethischen Veränderungen hervorruft. Er wird sich also nicht mit der Hoffnung schmeicheln, dass seine

Bücher, auch wenn sie die Idee einer einheitlichen Welt noch so eindrucksvoll verkünden, den nationalistischen Unsinn, welcher die Welt verseucht, in einem oder in zwei Jahrzehnten werden ausrotten können. Er wird vielmehr zufrieden sein, wenn da und dort sein Wort eine aufgelockerte Seele trifft, um dort Wurzeln zu schlagen.

Wohl hat es sich zuweilen ereignet, dass Schriftsteller unmittelbare Wirkung auslösten. Die Streitschriften Luthers, Voltaires, Thomas Paines, Emile Zolas haben es getan. Aber das sind Ausnahmefälle, und die Autoren, denen solche im höchsten Sinne journalistische Begabung verliehen ist wie den genannten Schriftstellern, sind spärlich. Der Autor, dessen Begabung darin besteht, zu bilden, zu erzählen, zu gestalten, strebt besser die Wirkungen jener großen Journalisten erst gar nicht an. Wohl mögen sich manchmal auch ihm Menschen und Ereignisse der unmittelbaren Vergangenheit, des eigenen Tages, derart zu Gleichnissen runden, dass seine Leser und Hörer aus seinen Gleichnissen ihre Zeit besser erkennen und aus dieser Erkenntnis die unmittelbaren Folgerungen ziehen. Aber das geschieht einmal in einem Menschenalter. Gewöhnlich erreicht der schöpferische Schriftsteller, gerade wenn er solche Wirkungen anstrebt, sie nicht, sondern verunstaltet nur sein Werk.

Was also bleibt dem Schriftsteller zu tun, den es quält, mitanzusehen, wie nationalistisch zerspalten die Welt von heute ist, und der mit Ingrimm wahrnimmt, was für starke Kräfte am Werk sind, diese Spaltung zu vertiefen?

Ich glaube, ein solcher Schriftsteller sollte, wenn er nicht ein großer Journalist ist, seine Projekte nicht erst lange darauf prüfen, ob sie seine Gesinnung unmittelbar ausdrücken. Das heißt nicht, dass ich irgendeiner Elfenbeinturm-Theorie das Wort rede. Aber ich glaube nicht, dass ein schöpferischer Autor imstande ist, seine Visionen den jeweiligen politischen Bedürfnissen der Stunde anzupassen. Vielmehr wird er, wenn ihn etwas Abseitiges beschäftigt, es nicht unterdrücken, sondern ausdrücken. Und wenn er nur gut schreibt, dann wird sein Werk als Ganzes so durchtränkt sein von seiner Überzeugung, auch von seiner politischen Überzeugung, dass sich schließlich auch diese politische Überzeugung überträgt, obwohl vielleicht nicht in klarer Formulierung.

Mark Twain, Jack London, Upton Sinclair, Sinclair Lewis, John Steinbeck haben sich nicht bemüht, die pazifistische Gesinnung des amerikanischen Volkes zu betonen. Trotzdem werden jene Sowjetbürger, welche ihre Bücher lesen, zu schwanken beginnen, ob das amerikanische Volk wirklich hinter jenen kriegshetzerischen Äußerungen steht, die sie als die authentischen Aussprüche einzelner Amerikaner zu lesen bekommen. Und andernteils werden jene amerikanischen Leser, die sich mit Tolstoi beschäftigen oder mit Scholochow, sich nachdenklich fragen, ob das Volk dieser Schriftsteller wirklich darauf ausgehe, die Welt zu erobern und zu beherrschen.

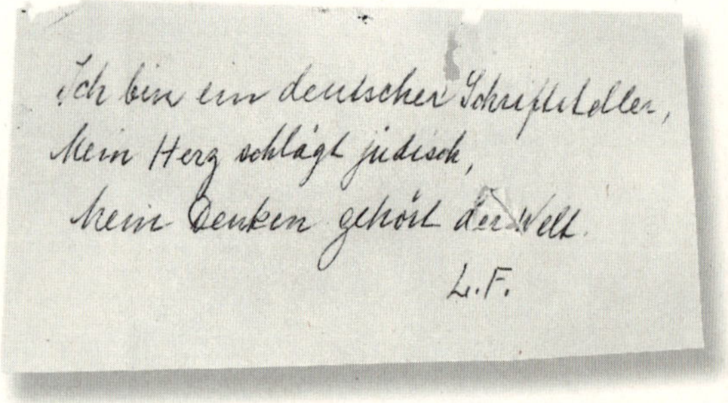
Ich bin ein deutscher Schriftsteller,
Mein Herz schlägt jüdisch,
Mein Denken gehört der Welt.
L.F.

Epilog

Ich bin ein deutscher Schriftsteller,
Mein Herz schlägt jüdisch,
Mein Denken gehört der Welt.

L. F.

»Genug gejammert. In Haus und Garten lässt sichs angenehm leben, und die Bücher müssen eben die fehlenden Freunde ersetzen.« Lion Feuchtwanger an Katia Mann, 17. Juli 1958; hier mit seiner Frau Marta, umgeben von seinen Büchern, in der Villa Aurora, Los Angeles.

ANHANG

Diese von Lion Feuchtwanger am 11. Oktober 1935 unter dem Titel »27. September« begonnene Kurzgeschichte, die er drei Tage darauf »im ersten Entwurf fertig gemacht« hatte und weitere zwei Tage später ganz verwarf, fasst viele der in seinen publizistischen Beiträgen angesprochenen Themen in einer literarischen Form zusammen. Während er in seinem Tagebuch über die Kurzgeschichte von Benno Zacharias urteilte: »die wird nichts«, stellt sie im Kontext seiner politischen Texte eine weitere interessante Facette dar.

Die Erwachende

(1935)

1

Als Herr Benno Zacharias nun gar noch den Auftrag auf das Befreiungsdenkmal der Stadt K. erhielt, waren seine Freunde verblüfft über das ungeheure Glück des Mannes. Er hatte von jeher als ein Glücklicher gegolten, und alle hatten ihn beneidet. Mit seinen vierundfünfzig Jahren hatte er eine reiche Ernte hinter sich und war in seiner besten Kraft. Er zählte nicht zu den ganz Großen, er stand nicht in der ersten Reihe, aber wahrscheinlich war ihm gerade das sehr recht. Ein wahrhaft großer Mann, pflegte er zu sagen, könne sich schwerlich von der Verpflichtung drücken, an der Veränderung der Welt mitzuarbeiten. Er aber, als einer aus der zweiten Reihe, dürfe, ohne die Welt zu schädigen, seine gefälligen Gaben so verwenden, wie es ihm am meisten opportun scheine. Er machte also weiter seine leichten, zierlichen, zärtlichen Frauen- und Kinderbüsten, die hochbezahlt wurden, ließ sich weiter von aller Welt als Künstler von delikatem Geschmack rühmen, lebte den Winter über in seinem schönen Haus in Berlin, den Sommer in seiner Villa auf der Insel Sylt, vervollständigte seine Sammlung gotischer Holzplastiken, mokierte sich über seine vielen Ehrenstellen und Titel, die ihm trotzdem wohltaten. Freunde und Frauen waren um ihn, er hatte einen Sohn, den er liebte, er machte leise, gescheite, tolerante Anmerkungen über die Dummheit der Welt und kam mit souveränem, melancholischem, zynischem Achselzucken darüber weg.

Seine Freunde wussten, dass er einen einzigen heimlichen Kummer hatte. Er war berühmt vor allem um seiner Kleinplastiken willen, seine zarten, feinen Porträts von Frauen und Kindern hatten Weltruf. Aber er selber hatte Neigung zum Monumentalen und glaubte, erst hierin seine Erfüllung zu finden. Zwei Denkmäler für die Kriegsgefallenen hatte er gemacht, aber die waren nichts Rechtes geworden. Er selber machte sich auf seine fatal-ironische Art lustig über die Adler und die gewaltigen nackten Krieger, die er da hatte machen müssen, und seufzte, dass man ihn nicht das wolle schaffen lassen, was er könne: eine einfache nackte Frau zum Beispiel, eine Erwachende, ein Bildwerk, von dem er seit seiner Jugend träume.

Und jetzt also war es an dem. Die Stadt K. hatte ihn beauftragt, seinen Entwurf eines Denkmals anlässlich des Abzugs der Besatzungstruppen, der sogenannten Befreiung der Rheinlande, auszuführen. Benno Zacharias grinste ein wenig, als die Freunde ihm gratulierten. Hoffentlich werde er seine Auftraggeber nicht enttäuschen, lächelte er. Was er machen wollte, war sehr realistisch, er wollte kühn über den Entwurf hinausgehen, und er zweifelte, ob sein geträumtes Bild und die ideal-heroischen Vorstellungen der Auftraggeber von der Befreiung der Rheinlande sich vollkommen decken. Schon stand fest, dass der Reichspräsident selber das Denkmal enthüllen werde.

Die Zeit war kurz, und mit größter Energie machte sich Benno Zacharias ans Werk. Auf den Fotos der illustrierten

Zeitungen sah man ihn, wie er klein, gespannt und hurtig an den gewaltigen Steinmassen herumhantierte. Sein großer, jüdischer Kopf saß weiß und massig auf einem kurzen Hals, unter der breiten, vorgebauten Stirn schauten klein und gescheit die Augen, die schmale, kräftige Hand hielt den Meißel.

Die Arbeit ging nicht glatt vonstatten und kostete Benno Zacharias viel Nerven. Die gewaltige Statue musste in großer Eile vollendet werden, acht Mann arbeiteten Tag und Nacht an dem Granitbock, zu guter Letzt stellte sich noch im Innern des Materials ein Fehler heraus, den niemand hatte vorhersehen können, ein großer, schwarzer Fleck, der das Kinn der Erwachenden verunstaltete, und Benno Zacharias musste den Kopf ein wenig nach links drücken. Das war eine schwere Arbeit. Für jeden Schlag fünf Meter hinauf, dann wieder hinunter, um zu prüfen, wie das Kinn jetzt aussehe, dann wieder hinauf, Schlag, hinunter, hinauf. Der kleine Mann war sehr schlank, als er mit der Arbeit zu Ende war, aber er war glücklich und zufrieden. Er war ein geschmackvoller Realist, heroische Symbole waren ihm von Grund auf verdächtig, er hatte einfach eine Freundin in Stein gehauen, eine gewisse Marianne Struntz, das Erwachen dieser Marianne Struntz hatte er gemacht, wie es wirklich war, ihren hübschen, genusssüchtigen Leib, wie er sich dem Tag entgegenräkelt, und er kostete es mit tiefem Behagen aus, als der Reichspräsident Hindenburg seine Statue der Marianne Struntz unter Kanonendonner und mit vielen Fahnen enthüllte.

Benno Zacharias war darauf gefasst gewesen, dass das Denkmal ihm viel Geschrei und Beschimpfungen einbringen werde, er war tief überzeugt von der Dummheit,

Stumpfheit und Gewalttätigkeit der Welt. Trotzdem war er erstaunt über die Flut von wildem Geifer, die über ihn hereinbrach. Die Nationalsozialisten hatten um jene Zeit viel Geld bekommen, sie betrieben ihre Propaganda gegen die Juden mit doppeltem Eifer, und die nackte Marianne Struntz war ihnen ein willkommener Vorwand, gegen den geilen jüdischen Bildhauer loszuziehen, der die Heiligkeit großen deutschen Geschehens durch die Ausgeburten seiner lüsternen Fantasie besudele. Die Statue wurde nächtlicherweile beschmiert und beschmutzt, und wenn sie nicht beschädigt wurde, so lag das nur an der Härte des Granits.

Benno Zacharias, zunächst verblüfft über so viel Feindschaft von Leuten, denen er nichts getan hatte, wiegte bald wieder lächelnd seinen großen, weißen Kopf. »Sie werden sich an Marianne Struntz gewöhnen«, meinte er. Aber sie gewöhnten sich nicht. Als die Nationalsozialisten an die Macht kamen, wiederholten sie ihren Versuch, das Monument zu zerstören, mit besserem Erfolg. Die Statue der Marianne Struntz war aus gutem Granit, es machte technisch viel Mühe, sie kaputt zu schlagen, aber sie waren deutsch, gründlich und hatten jetzt die Mittel dazu. In der Nacht, in der Marianne Struntz erledigt wurde, konnte, wer in der Nähe wohnte, nicht viel schlafen, und die Einzigen, die von dem Zerstörungswerk nichts merkten, waren die Polizisten. Übrigens wollten es die Behörden nicht wahrhaben, dass man das Denkmal zerstört habe, sie sammelten die Reste ordentlich in einem großen Kasten und transportierten ihn mit vieler Mühe in den Hof der alten Artilleriekaserne.

Benno Zacharias hatte von der Statue im Allgemeinen als von Marianne Struntz gesprochen, aber vor sich selber nannte er sie nur Die Erwachende. Sie war ihm unter allem, was er gemacht hatte, das Liebste, in diesem Werk hatte er sich und was er konnte ganz ausgedrückt, und es ist einem Mann, auch wenn er kein ganz großer Meister, sondern nur einer der zweiten Reihe ist, nicht angenehm, wenn sein bestes Werk von der Erde getilgt wird. Aber seine Freunde konnten nicht erkennen, ob ihm der Verlust des Werkes tief ging. Er machte nach wie vor lächelnde, gescheite, melancholisch-zynische, sogar tolerante Anmerkungen über die Dummheit der Welt. Als Barbaren Rom nahmen, meinte er, sei mehr kaputtgegangen, und von den zerstörten Bildwerken hätten nicht einmal Fotos existiert. Der Kapitalismus sei genötigt, um sich zu halten, auf einige Zeit die Barbaren zur Hilfe zu nehmen. Das bringe vielen viele Unannehmlichkeiten, aber am Ende siege immer die Vernunft, und er hörte mit Freude die vielen guten Witze, die die Berliner über ihre neuen Machthaber rissen, und er amüsierte sich, mild und grimmig zugleich, über den Unsinn, den die Zeitungen und Reden dieser Machthaber verbreiteten.

Benno Zacharias bekam viele Aufträge aus dem Ausland, er reiste viel und war noch immer hochbezahlt. Oft fragten seine Freunde, warum er denn in Deutschland bleibe. Mit einem gewissen forschen Zynismus erklärte Herr Zacharias, er habe von jeher gewusst, dass ungeheuer viel Dummheit und Torheit in der Welt sei, und wenn sie jetzt unmaskiert herumgehe, statt wie früher maskiert, so störe ihn das nicht sehr. Er habe sich die Leute, mit denen er zu tun habe, immer selbst ausgesucht. Er kleidete sich nach wie vor gut und sorgfältig, er aß gut, er vervollständigte seine Sammlung gotischer Holzplastiken; es waren jetzt in Deutschland schöne Stücke billig zu haben. Er liebte die deutsche Landschaft, er liebte Berlin, er liebte sein Haus, er liebte Marianne Struntz, die im Fleische, er liebte auch die zwei Millionen, die er auf der deutschen Bank hatte. Sollte er den gewalttätigen Dummköpfen den Gefallen tun, das alles im Stich zu lassen?

Vielleicht aber war es doch nicht dies alles, was Herrn Zacharias im Deutschen Reich zurückhielt, denn er fühlte sich rüstig, er besaß ein unerlaubtes und wohlgehütetes Konto im Ausland, er hatte große Einnahmen im Ausland, er hätte sich ein neues Haus bauen und vielleicht, nach Zurücklassung des andern, sogar große Teile seiner Sammlung retten können. Wenn er blieb, so hielt ihn ein anderes. Herr Benno Zacharias hing zärtlich und stolz an seinem Sohne Ludwig.

Ludwig Zacharias war ein blonder, etwas linkischer junger Mensch und hatte, abgesehen von dem vollen Mund, nicht viel Ähnlichkeit mit seinem Vater. Die Mutter war gestorben, als der Junge vier Jahre alt war, Ludwig war ein stilles Kind, interessiert an Büchern. Von seinem Vater hatte er einen gewissen Skeptizismus angenommen, doch dieser Skeptizismus war weniger weltläufig, er verwandelte sich in Kritik, und der Bildhauer Zacharias hatte seine Freude daran, wie lange und gründlich schon der kleine Ludwig über Widersprüche nachzugrübeln pflegte in den Geschichten, die man ihm erzählte. Auf der Universität beschäftigte er sich mit orientalischen Studien, er schloss sich eng an seinen Lehrer, den Geheimrat Kemp an. Die beiden hatten zusammen gewisse Entdeckungen auf dem Gebiet der Geschichte und Literatur der Hethiter gemacht, die bei den zwanzig oder dreißig Leuten, die davon was verstanden, Aufsehen erregten. Als der Vater unmittelbar nach der Zerstörung der Erwachenden einmal seinem Sohne eine leise Andeutung gemacht hatte, ob es nicht klüger wäre, Deutschland zu verlassen, insbesondere, da eine akademische Karriere Ludwigs jetzt ja aussichtslos sei, hatte der Junge geradezu bestürzt hochgesehen. Er konnte auf die Zusammenarbeit mit Geheimrat Kemp nicht verzichten, sie war der Sinn seines Lebens.

Geheimrat Kemp war ein zwerghaft kleiner Herr, überaus reserviert, äußerst sparsam mit seinen Worten, interessiert nur an seiner abgelegenen Wissenschaft. Es hatte den scheuen, linkischen Ludwig Zacharias ungeheure Mühe gekostet, sich dem unzugänglichen Gelehrten zu nähern, aber die Wissenschaft des Mannes hatte ihn so angezogen, dass er alle Hemmungen überwand. Es war faszinierend, den wenigen rätselhaften Zeichen, die diese abgelebten Menschen hinterlassen, ihren Sinn zu entreißen. Faszinierend war die Intuition, mittels deren der zwerghafte Mann aus den paar in Stein gegrabenen Spuren das Wesen und die Geschichte dieses verwehten Volkes kombinierte, zögernd zunächst, unsicher, dann aber war fester Grund da, auf dem man bauen konnte, immer höher, bis das Ganze dastand, einleuchtend in seiner Ganzheit und so gesichert in seinen Teilen, dass es eben nicht mehr bloße Intuition war, sondern Wissen. Der Eifer, die glühende Hingabe des jungen Zacharias an dieses Spiel und Rätselraten hatte allmählich den eisigen Zwerg aufgetaut, der, genau wissend um die Skurrilität seines Äußeren und dabei geschwellt von einem ungeheuren Hochmut auf sein Wissen, gleichzeitig überaus stolz und überaus scheu war. Jetzt war es so weit, dass er seinen Jünger zuweilen hineinschauen ließ in sein Inneres, dass er ihn teilnehmen ließ an seinem bitteren Behagen an jener Ironie, mit der die Geschehnisse die leichtgläubigen Menschen immerzu äffen. Da hatte zum Beispiel einer von den Begründern jener Afterwissenschaft, die sich Rassenlehre nannte, lang und breit dargetan, dass alles Große, was die Juden geleistet, arischen Ursprungs sei, dass sie aber bastardisiert worden seien durch den Bluteinschlag des Urvolkes von Kanaan, der Hethiter. Er aber, Kemp, hatte von Anfang an vermutet, dass die Sprache gerade dieser Hethiter nicht semitisch, sondern arisch war, und es war der größte Tag seines Lebens, als er den Nachweis dafür schlüssig bringen konnte. Aus unendlicher Höhe voll Verachtung sah der Zwerg herab auf die Massen und ihre Führer, läppisches Gesindel alles, für immer zu tiefer Dumpfheit und Unwissenheit verdammt, handelnd aus dunklen Trieben heraus und aus Vorurteilen. Die blauen Augen funkelnd, hinter den gewölbten, randlosen Brillengläsern, mit kleinen Glucksen und Kichern ließ er seinen Jünger teilnehmen, wenn ihm ab und zu über einer seiner Entdeckungen wieder die ganze Ironie des Weltlaufs aufging. Und er freute sich ehrlich, als er seinem zu wissenschaftlicher Kombination ungewöhnlich begabten Schüler seine Methoden so weit vermittelt hatte, dass der die Arbeit des Lehrers in seinem Sinne weiterführen konnte.

Der Bildhauer Benno Zacharias sah mit Freuden die Zusammenarbeit seines Sohnes mit dem seltsamen zwerghaften Mann. Zwar blieb ihm gegenüber Geheimrat Kemp so fremd und zugesperrt wie allen andern, es gelang dem Bildhauer nicht, ihn etwa zu seinen kleinen Gesellschaften zuzuziehen, dennoch glaubte er ein gewisses Verständnis bei dem Gelehrten für sein eigenes Weltbild zu spüren, er hatte die gleiche Freude an der Ironie der Dinge wie jener, und als er den seltsamen Kopf des kleinen Mannes in einer seiner Plastiken beinahe karikiert wiedergab und die Büste dem Urbild zeigte, da war der Geheimrat nicht etwa ungehalten, wie Benno Zacharias ganz leise befürchtet hatte, sondern er freute sich daran, ja, er ließ sein kleines, glucksendes Kichern hören.

Dabei hatte Benno Zacharias vor Geheimrat Kemp das Wissen um eine Tatsache voraus, ein ironisches Wissen, das Kemp sicherlich ungeheuren Spaß gemacht hätte. Die Freunde von Benno Zacharias fanden nämlich, die Ähnlichkeit zwischen Benno Zacharias und seinem Sohne Ludwig werde immer größer, und sie führten es auf die Stimme des Blutes zurück, dass Ludwig Zacharias sich gerade für orientalistische Dinge interessierte. Benno Zacharias selber unterstrich nicht eben sein Judentum, aber er verhehlte es auch nicht, und manchmal, gewöhnlich in ganz unerwarteten Fällen, kehrte er es ostentativ heraus. Die blonde, sehr deutsche Mutter von Ludwig Zacharias war nicht lange nach seiner Geburt gestorben und wahrscheinlich mit ihr der einzige Mensch, der außer Benno Zacharias wusste, dass Ludwig nicht des Bildhauers Sohn war, sondern der Sohn eines sehr unjüdischen, etwas kauzigen Musikers, der seiner ebenso nichtjüdischen Freundin, der Frau des Benno Zacharias, bald aus den Augen verschwunden und verschollen war. Benno Zacharias liebte sehr diesen Sohn seiner Frau, vielleicht war es gerade das Fremde seiner Frau, das ihn in ihrem Sohne weiter anzog und ihm die Tote ersetzte, aber er hütete sich, seine Gefühle zu analysieren, und begnügte sich, den jungen Menschen mit einer fast abgöttischen Zärtlichkeit zu lieben. Aber das heimliche Wissen, dass der Junge durchaus nicht von Bluts wegen, sondern aus sehr andern rätselhaften Gründen sich für die Hethiter interessierte und für immer jüdischer gehalten wurde, machte ihm einen tiefen, inneren, ironischen Spaß.

Geheimrat Kemp hatte für den Aufstieg der Barbaren zur Macht nur ein kleines, verächtliches Feixen gehabt, immer wieder brachen im Lauf der Geschichte Barbaren in die mühsam errungene Zivilisation ein. Was er trieb, war abgelegen und durchaus jenseits ihres Verständnisses, so wenig wie Archimedes wird er von ihnen seine Kreise stören lassen. Seine Vorlesungen waren nur von ganz wenigen Hörern besucht, wenn auch ziemlich viele Theologen, die ihren philosophischen Doktor machen wollten, sie belegt hatten. In seinen Seminarübungen saßen außer Ludwig Zacharias nur zwei Beflissene. Ludwig Zacharias hätte sich längst als Privatdozent an einer Provinzuniversität habilitieren können, aber er zog es vor, in Berlin mit seinem Lehrer zusammen zu sein und zu warten, bis er sich dort vielleicht habilitieren könnte. Ihm persönlich lag nicht sehr viel daran, aber für die Benützung schwer zugänglicher Bibliotheken, für den Zutritt zu gewissen Ruinen und Ausgrabungsstätten war es angenehmer, Inhaber eines akademischen Amtes zu sein. Als Ludwig Zacharias seinen Lehrer auf seine linkische Art darauf aufmerksam machte, dass es damit wohl nun für immer vorbei sei, machte Kemp nur eine leise Bewegung mit seinem zarten, rosigen Händchen, als scheuche er eine Fliege fort, kicherte und meinte: »Glauben Sie wirklich, ich werde wegen dieser hunnischen Büffel auf Ihre Assistenz verzichten?« Und dann kehrte er zu seinen Texten zurück. Es war nämlich eines seiner Lieblingsthemen, dass ein sehr großer Teil der deutschen Bevölkerung Abkömmlinge jener Hunnen seien, die auf vier großen und intensiven Wanderzügen das Gebiet des Reichs überschwemmt hatten. Insbesondere in jenem Typ, den die sogenannte Rassenwissenschaft den ostischen nannte und dem zum Beispiel der Führer der Barbaren selber angehörte, wollte Kemp deutlich den mongolischen Einschlag jener Hunnen erkennen.

Die Barbaren aber, die jetzt die Macht an sich gerissen hatten, waren gründliche Leute, nichts war ihnen zu abgelegen, auch nicht die Wissenschaft Geheimrat Kemps. Da war insbesondere ein gewisser Dittmar Hoppe, der im Kulturamt der nationalsozialistischen Partei saß. Der hatte es sich zur Hauptaufgabe gemacht, die etwas mehr abgelegenen Disziplinen von unsicheren Elementen zu reinigen, und er hatte bald heraus, dass Geheimrat Kemp ketzerische Lehren verkündete. Oberste Richtschnur jeder Erkenntnis war ihm das deutschblütige Gefühl, und wenn eine Erkenntnis diesem Gefühl widersprach, dann war sie falsch, und etwas Artfremdes stak dahinter. Sehr bald auch hatte Dittmar Hoppe erschnüffelt, wer das artfremde Element war, der Jude Ludwig Zacharias.

Dittmar Hoppe ließ den Geheimrat Kemp kommen und sprach ihm ins Gewissen. Der kleine Mann hörte ruhig, fast amüsiert zu, antwortete, wie es seine Art war, kurz und sachlich, dass die Inschriften der Hethiter weder deutsch noch jüdisch entziffert werden könnten, sondern nur richtig oder unrichtig. Worauf Herr Hoppe ihn fragte, ob er leugne, dass es eine deutsche Wissenschaft gebe. Herr Kemp leugnete es, indem er definierte, es gebe lediglich eine von Deutschen betriebene Wissenschaft. Herr Hoppe bedauerte, dass Herr Kemp sich so wenig vom Geist des neuen Deutschland habe durchdringen lassen, und gab ihm den amtlichen Auftrag, jede weitere Zusammenarbeit mit dem Nichtarier Ludwig

Zacharias einzustellen. Diesem selbst wurde der Zutritt zu dem Seminar der Berliner Universität, zu den öffentlichen Bibliotheken und Sammlungen des Staates untersagt.

Der kleine Geheimrat hatte für diese Maßnahme nur ein kleines, verächtliches Grinsen. Selbstverständlich arbeitete er weiter mit Zacharias. Einmal, während Zacharias bei ihm war, erschien ein Beamter der Staatspolizei, um festzustellen, dass Geheimrat Kemp gegen die Weisung des Kulturamtes verstoßen habe. Der Beamte fand die beiden Herren mit Büchern und Manuskripten. Er nahm die Bücher auf, er konnte mit Titel und Inhalt nichts anfangen, er fragte streng, was das für Bücher seien. »Ein Kochbuch und ein Liebesroman«, erwiderte Geheimrat Kemp. Der Beamte beschlagnahmte die Bücher.

Ludwig Zacharias glaubte, man werde ihn verhaften oder in ein Konzentrationslager stecken. Doch nichts dergleichen geschah. Vielmehr wurde plötzlich gegen Geheimrat Kemp ein Verfahren wegen Devisenschiebungen eröffnet. Er habe nämlich bei seiner letzten Forschungsreise in Vorderasien die ihm zugeteilten Devisen nicht ganz ausgegeben, aber bei der Rückkehr den verbleibenden Betrag nicht bei der Devisenstelle angegeben. Es handelte sich um einen sehr geringfügigen Betrag. Auf die Dauer des Verfahrens wurde Geheimrat Kemp von seinem Amte suspendiert. Die Wissenschaft Geheimrat Kemps war nicht sehr populär, aber weithin kannte man seinen Namen, das Verfahren gegen ihn erregte sehr unliebsames Aufsehen, man schlug es nieder. Doch aufrechterhielt man die Suspendierung des kleinen Mannes von seinem Amt, man untersagte auch ihm »wegen staatsfeindlicher Gesinnung« den Zutritt zu den Bibliotheken und Sammlungen des Staates, auch zur archäologischen Sammlung, die er selber eingerichtet hatte.

Als die Dinge so weit gediehen waren, hatte Benno Zacharias eine Unterredung mit Geheimrat Kemp. Er bot ihm an, im Ausland auf seine Kosten weiterzuarbeiten. Aber der Zwerg wollte nicht. Der Zwerg wollte dableiben und sehen, wie das weiterging. Der Zwerg wollte die ohnmächtige Gewalttätigkeit der Barbaren vor der Wissenschaft ganz auskosten. War es nicht ein Witz, wenn sich jetzt ein nationalsozialistischer Blut- und Bodentrampel über seine hethitischen Keilinschriften hermachte? Da standen die Nationalsozialisten vor den rätselhaften Urkunden dieses alten Kulturvolks fast so ratlos wie vor dem Problem, ihrem eigenen Volk Wohnung, Kleidung und Essen zu schaffen.

Ja, Benno Zacharias konnte die bittere Freude des Gelehrten verstehen an der Ironie dessen, was jetzt um die von ihm geschaffene archäologische Sammlung geschah. Es war ein Witz, wenn jetzt der Besitz eines Parteibuchs einen Mann befähigen sollte, die Inschriften zu entziffern, an deren Entwirrung so viel Scharfsinn, Wissen, Kombination, Intuition gearbeitet hatte, und das nur mit halbem Erfolg. Auch Herr Benno Zacharias schmeckte die Würze dieses Witzes. Aber wiederum war Benno Zacharias dem Gelehrten über in der Wissenschaft um die Ironie der Dinge. Denn er wusste, wer Dittmar Hoppe war.

Benno Zacharias war nämlich vor vierunddreißig Jahren befreundet gewesen mit einer gewissen Annemarie Kern. Sie war vom gleichen Typ wie Marianne Struntz, jetzt freilich hätte niemand mehr in der Erwachenden eine Ähnlichkeit mit Annemarie finden können. Annemarie hatte sich in der Zwischenzeit sehr verändert, seitdem sie die Mutter

Dittmars und die Frau Friedrich Hoppes geworden war. Herr Hoppe war ein Mann von Grundsätzen, er hatte großzügig über den vierzigtausend Mark, die Annemarie Kern in diese Ehe mitbrachte, ihren früheren Fehltritt übersehen, aber er hielt sein Haus rein, und Benno Zacharias konnte nur aus der Ferne beobachten, dass der junge Dittmar im Wesentlichen der Mutter nachschlug und dass nur wenige Züge verrieten, dass er auch anderes Erbgut überkommen.

Benno Zacharias hatte, während die Dinge sich zuspitzten, lange überlegt, ob er seinen Jungen Ludwig über seine Abstammung nicht aufklären soll. Aber es war wohl zu spät, es hätte kaum mehr genutzt. Sein nichtarischer Sohn hätte, deutschblütig wie er war, seinem arischen Sohn seine arische Abstammung niemals durchgehen lassen. Benno Zacharias hätte durch eine solche Erklärung höchstens sich selber gefährdet und seinen Sohn Ludwig in unnötige Wirrnis gestürzt. Er musste untätig zusehen, wie sein nichtarischer Sohn seinen arischen als einen Nichtarier verfolgte, und konnte sich nur im Stillen ergötzen an der bitteren Ironie, wie die ihm genau bekannte Wirklichkeit jene Rassentheorien ad absurdum führte, auf denen die Gesetze eines großen Reiches aufgebaut waren.

2

Es fällt dem Menschen nicht leicht, ein Wissen, das starke Gefühle in ihm auslöst, auf die Dauer in sich zu verschließen. Schriftsteller gelten heute als Beichtväter. Wenn ich um die Geschichte des Bildhauers Benno Zacharias mehr weiß als die meisten andern, dann deshalb, weil Herr Zacharias, als er in diesen Septembertagen bei mir war, mir die Geschehnisse, die mir durch andere bekannt waren, erläuterte. Nachdem nämlich die Judengesetze erlassen waren, konnte sich Herr Zacharias bei allem melancholischen Zynismus nicht entschließen, noch länger in Deutschland zu bleiben.

Wir saßen am Meeresufer, als Herr Zacharias mir diese Dinge erzählte, in einem kleinen Restaurant in der Nähe der schönen, bunten südfranzösischen Stadt Toulon. Es war ein sehr gutes Restaurant, Herr Benno Zacharias hält nach wie vor sehr darauf, gut zu essen, und er genoss kennerisch die Seeigel und den auf provenzalische Art zubereiteten, Seewolf genannten, Fisch.

Ludwig Zacharias und Geheimrat Kemp waren immer noch nicht bereit gewesen, von Berlin wegzugehen. Sie warteten darauf, dass ihre Sammlungen und Bibliotheken den Barbaren wiederentrissen und ihnen übergeben würden. Mittlerweile trösteten sie sich an dem Bewusstsein, dass sie die einzigen Lebenden waren, die das Hethitische so weit verstanden, dass sie zur Not sogar moderne Texte ins Hethitische übersetzen konnten. Sie hatten sich darangemacht, die Leitverse der Nationalsozialisten ins Hethitische zu übertragen, die da lauteten: »Intellekt. Hinweg mit diesem Wort, dem bösen, mit seinem jüdisch grellen Schein. Nie kann ein Mann von deutschem Wesen ein Intellektueller sein.«

Im Übrigen habe ich an Benno Zacharias nicht viele Veränderungen bemerkt. Noch immer wiegt er lächelnd den weißen, fleischigen Kopf mit den vollen Lippen und scheint Freude zu haben an Frauen, guten Speisen, schönen Bildern und Büchern, Landschaften und an der Ironie der Dinge. Seine noch immer sehr geschätzten und hochbezahlten Porträtbüsten sind in der letzten Zeit vielleicht ein bisschen schärfer geworden, seine Männerbüsten gehen bis hart an die Grenze der Karikatur, die Büste zum Beispiel, die er von mir gemacht hat. Als er mich verließ, fuhr er nach London, um den Maharadscha von Padjallah zu modellieren.

Am 27. September las ich, dass Ludwig Zacharias sich erschossen habe. Ich hatte den jungen Gelehrten nicht gekannt, und wäre nicht Benno Zacharias drei Tage zuvor bei mir gewesen, dann hätte ich wohl über die Nachricht weggelesen; denn man liest jetzt beinahe jeden Tag solche Nachrichten aus Deutschland.

Editorische Notiz

Die Ausgabe enthält die Wortmeldungen Lion Feuchtwangers, die zeigen, wie sehr er sich seit dem Machtantritt der Nationalsozialisten am 30. Januar 1933 politisch empörte, einmischte und seinen Anspruch, als Kosmopolit für seine humanistischen Überzeugungen einzustehen, aktiv umsetzte. Es wird eine ungewöhnlich private, bisher wenig bekannte Seite des Menschen und Schriftstellers Feuchtwanger sichtbar. Das Judentum erweist sich als eine prägende Konstante seines Lebens und seines literarischen Schaffens.

Textgrundlage der einzelnen Beiträge sind die jeweiligen Originaltyposkripte, die sich bis auf zwei Ausnahmen im Nachlass von Marta und Lion Feuchtwanger erhalten haben, der in der Feuchtwanger Memorial Library (FML) an der University of Southern California (USC), Los Angeles, aufbewahrt wird. Es handelt sich teils um Erstveröffentlichungen (in deutscher Sprache), teils werden die Texte erstmals nach den genannten Originaltyposkripten abgedruckt, wie nachstehend im Einzelnen aufgeführt wird. Weitere Hinweise zur Publikationsgeschichte finden sich zu Beginn der Beiträge (s. S. 8–212).

Maschinen- und handschriftliche Korrekturen wurden

stets berücksichtigt. Lediglich bei der in den Anhang aufgenommenen Erzählung »Die Erwachende« konnte eine Ergänzung in Gabelsberger Kurzschrift nicht entziffert werden (eingefügt mit Bleistift über der Passage »Leute, nichts war ihnen zu abgelegen, auch«, S. 223).

Die vorliegenden Texte wurden in Interpunktion und Orthographie den heutigen Duden-Regeln angepasst, offensichtliche Versehen wurden stillschweigend korrigiert. Anführungszeichen, ob bei Zitaten, Buchtiteln oder einzelnen Begriffen, wurden zu doppelten Guillemets vereinheitlicht. Hervorhebungen erscheinen kursiv.

Das Kollationieren der Texte besorgte Magdalena Frank (Berlin).

Für die Bereitstellung und Publikationsgenehmigung der Abbildungen danken wir der Feuchtwanger Memorial Library.

Bin ich deutscher oder jüdischer Schriftsteller? (1933) – Typoskript; FML/USC, LF Box D8b-1

Caliban – Hitler und die Juden (1942) – Typoskript; FML/USC, LF D8b-13; Erstveröffentlichung auf Deutsch

Das Dritte Reich und seine Regierung (um 1936) – Typoskript; FML/USC, LF Box D9a-24; Erstveröffentlichung

Der Prozess von Nürnberg, ein Ende und ein Anfang (1945) – Typoskript; FML/USC, LF Box D9a-56

Der Schriftsteller und der Begriff der Einen Welt (1949) – Typoskript; FML/USC, LF Box D9a-62; Erstveröffentlichung auf Deutsch

Deutsche Juden (1933) – Typoskript; FML/USC, LF Box D8a-38; Erstveröffentlichung

»Deutschland – ein Wintermärchen« (1936) – Typoskript;

FML/USC, LF Box D9a-18; Erstveröffentlichung auf Deutsch

Deutschland und seine Schriftsteller, gesehen vom Westen (undatiert) – Typoskript; FML/USC, LF Box D9a-22

Die Arbeitsprobleme des Schriftstellers im Exil (1943) – Typoskript; FML/USC, LF Box D9a-11

Die Erwachende – Typoskript; FML/USC, Erstveröffentlichung

Faschismus ist der wahre Feind (1943) – Typoskript; FML/USC, LF Box D8a-21; Erstveröffentlichung

Für »Das Wort« – Against Hitler (undatiert) – Typoskript; FML/USC, LF Box M19-22; Erstveröffentlichung

Für den Freiheitssender (1938) – Typoskript; FML/USC, LF Box D9a-47; Erstveröffentlichung (in Print)

Für eine Weltaktion (1936) – Das Typoskript ist nicht überliefert; Textgrundlage ist die Druckfassung in: »Weltbühne«, 30. Jan. 1936; FML/USC, LF Box D9a-34

Glück und Ende der deutschen Juden (1942) – Typoskript; FML/USC, LF Box D8b-19; Erstveröffentlichung auf Deutsch

Ich bin ein deutscher Schriftsteller … (undatiert) – Manuskript; Villa Aurora, Pacific Palisades, California

Nationalismus und Judentum (1933) – Das Typoskript ist nicht überliefert; Textgrundlage ist die Erstveröffentlichung in: Lion Feuchtwanger / Arnold Zweig: Die Aufgabe des Judentums (Die Streitschriften des Europäischen Merkur). Verlag des Europäischen Merkur (Editions du Mercure de L'Europe), Paris 1933. S. 5–42

Offener Brief an den Bewohner meines Hauses Mahlerstraße 8 in Berlin (1935) – Typoskript; FML/USC, LF Box D8a-68

Offener Brief an sieben Berliner Schauspieler (1941) – Typoskript; FML/USC, LF Box D8a-69

Pogrome (1933) – Typoskript; FML/USC, LF Box D9a-52; Erstveröffentlichung auf Deutsch

Stellung zum Judentum (1940) – Typoskript; FML/USC, LF Box D8a-40; Erstveröffentlichung

Von der völkerverbindenden Macht der Literatur (1945) – Typoskript; FML/USC, LF Box D9a-73; von Feuchtwanger versehentlich datiert »August 1955 [statt 1945]« und durch den Hinweis ergänzt: »Für Internationale Literatur«, eine Moskauer Exilzeitschrift, die nur bis Dezember 1945 existierte

Was haben die deutschen Intellektuellen vom Dritten Reich zu erwarten? (1931) – Typoskript; FML/USC, LF Box D9a-74

Was heißt Judentum? (1933) – Typoskript; FML/USC, LF Box D8b-16; Erstveröffentlichung auf Deutsch

Wir sterben nicht (1943) – Typoskript; FML/USC, LF Box D8a-44; Erstveröffentlichung

Lion Feuchtwanger
Jud Süß
Roman
540 Seiten. Broschur
ISBN 978-3-7466-5622-9
Auch als E-Book lieferbar

Die legendäre Gestalt des Jud Süß

Der jüdische Kaufmann Josef Süß Oppenheimer steigt an der Seite des Herzogs Karl Alexander zum mächtigsten Mann Württembergs auf. Als seine geliebte Tochter Naemi vor den Nachstellungen des Herzogs in den Tod flüchtet, schwört Süß seinem verschwenderischen Leben ab und stellt dem Landesherrn eine Falle. Doch der Tod des Herzogs besiegelt auch seinen eigenen Untergang.

Regelmäßige Informationen erhalten Sie über unseren Newsletter.
Jetzt anmelden unter: www.aufbau-verlage.de/newsletter

atb aufbau taschenbuch